文治三千年

翦伯赞 等 著

中国经济出版社
CHINA ECONOMIC PUBLISHING HOUSE

·北京·

图书在版编目（CIP）数据

文治三千年 / 翦伯赞等著. -- 北京：中国经济出版社，2025.1. -- ISBN 978-7-5136-8019-6

Ⅰ.D092

中国国家版本馆 CIP 数据核字第 20241U2Y69 号

策划编辑	龚风光　王　絮
特邀策划	蓝色城·姚念强
责任编辑	王　絮
责任印制	马小宾
封面设计	极宇脒·静　颐

出版发行	中国经济出版社
印 刷 者	河北鑫玉鸿秤印刷有限公司
经 销 者	各地新华书店
开　　本	880mm×1230mm　1/32
印　　张	8.25
字　　数	168 千字
版　　次	2025 年 1 月第 1 版
印　　次	2025 年 1 月第 1 次
定　　价	59.80 元

广告经营许可证　京西工商广字第 8179 号

中国经济出版社　网址 http://www.economyph.com　社址 北京市东城区安定门外大街 58 号　邮编 100011
本版图书如存在印装质量问题，请与本社销售中心联系调换（联系电话：010-57512564）

版权所有　盗版必究（举报电话：010-57512600）
国家版权局反盗版举报中心（举报电话：12390）服务热线：010-57512564

编者说明

《文治三千年》从展现中国各朝代政治制度、文化政策等出发，选取翦伯赞、范文澜、岑仲勉、吕思勉、张荫麟、吴晗等六位历史学家的文章，按朝代顺序讲述先秦时期至清朝近三千年的中国史。

由于时代不同，某些字词及标点符号的使用与现今有所不同，编者为照顾现代读者的阅读体验，对部分原文进行了改动。原文字词按照《现代汉语词典（第7版）》进行统一；原文标点符号按照《标点符号用法》（GB/T 15834-2011）进行修正。

书中一些旧提法，如今已不再使用，编者仍保持原貌，以不失作者原意及时代特色。另外，作者观点不代表出版方立场，望读者明鉴。

目录

第一章
先秦：文治起源

等级制度的形成与西周的政治组织 / 003
爵位的等级制与"五服""五等"之说 / 007
社会经济的发展与等级制度的演变 / 013
土地所有关系的改变与爵位制的紊乱 / 016

第二章
秦汉：确立和发展

秦族的渊源与秦代封建专制主义国家的建立 / 023
西汉政权的性质与汉初的"贱商政策" / 032
西汉的奴婢与奴隶制度 / 046
崇儒术黜百家与文化思想的再审判 / 057

第三章

魏晋南北朝：交融与变化

魏晋南北朝封建制度 / 071

西晋末年的"流人"及其"叛乱" / 077

"九品中正"与西晋的豪门政治 / 090

士族制度 / 101

南朝文化的发展 / 106

第四章

隋唐：鼎盛

改地方三级制为变通的两级制——中央集权之中心工作 / 115

宰相制度之屡变 / 121

门第之见与郡望 / 129

进士科抬头之原因及其流弊 / 136

宦官的专横 / 147

第五章
宋辽金元：改革与僵化

王安石变法及新旧党争 / 153

南宋末年的民生与财政 / 162

宋辽金元教育改革 / 170

第六章
明清：完善与冲突

朱元璋的统治术 / 179

明代的科举情况和绅士特权 / 219

晚明仕宦阶级的生活 / 224

明清两代的官制 / 235

学术思想的变迁 / 241

清朝的文化政策 / 247

第一章
先秦
文治起源

等级制度的形成与西周的政治组织

/ 翦 伯 赞 /

在西周庄园制经济的社会中，一方面是土地所有者的领主，一方面是土地直接耕种者的农奴。此外，虽然也有工奴和贱奴，但他们在当时并不是生产之主要的担当者，因而当时社会生产关系之主要的构成，是领主与农奴之隶属关系。孟子曰："或劳心，或劳力。劳心者治人，劳力者治于人；治于人者食人，治人者食于人。天下之通义也。"又说："无君子莫治野人，无野人莫养君子。"这里所谓"治人"与"食于人"之"劳心"的"君子"，正是领主，所谓"治于人"与"食人"之"劳力"的"野人"，则正是农奴。

农奴的前身，大部分是商代的奴隶，也有少部分是商代的自由民及商末诸氏族的成员。至于庄园主人或领主，则大部分是周族的武士，也有少部分是由商代奴隶所有者与商末诸氏族的首长转化而来。因此，人还是一样的人，所不同的，只是他们的属性改变了。人的属性之改变，乃是土地所有的属性之改变所引起的结果。

西周的土地，在名义上都是属于国王所有。国王以之分封于诸侯，诸侯以之分封于大夫，大夫以之分封于士；至于士，则以之直接分配于庶人。这样便完成了土地之封建所有的实践过程。

由于土地之由上而下地一级一级分封下去，于是形成了各级的土地所有者。所谓"公食贡，大夫食邑，士食田"者，此之谓也。唯"庶人"无田，所以只有"食力"。

由于土地之等级的所有，又构成了土地所有者之人格的等级隶属关系。所谓"王臣公，公臣大夫，大夫臣士"，正是土地所有的属性之人格的表现。唯庶人"无土地"，故只有"臣于人"，而不能"有所臣"。

由于土地之等级的所有与人格之等级的隶属，又构成了等级的榨取关系，而这就是自庶人以次而上达于天子的贡纳制。[1]唯天子再无上司，故无所贡，只有供于神。这就是所谓"下所以事上，上所以共神也"。

这种等级从属的关系，也表现为军事上之等级支配。国王有征

---

[1] 诸侯、大夫、士皆为领主。关于小领主对大领主的贡纳，到春秋时已变成苛刻繁重之榨取，在西周时，当亦有之。《陈侯午敦铭》云："陈侯午以群诸侯献金……保有齐邦。"此所谓群诸侯，当系齐之臣属。又据《左传·僖公四年》载：齐桓公责楚子之言曰："尔贡包茅不入，王祭不共，无以缩酒，寡人是征。"则楚之于西周天子，原来亦曾有包茅之贡也。

伐，则诸侯需勤王事。[1]《诗》云："王于兴师，修我戈矛。"又云："天子命我，城彼朔方。"又云："王于出征，以佐天子。"若诸侯有战争，则"三事大夫，莫肯夙夜"，以为诸侯赋车籍马，征兵募饷。最后，称戈比矛、效死疆场者，则为农奴。

此外，在裁判上，也表现为等级的服从。在每一封区内，诸侯当然是最高的裁判者，因为他们曾被赋予"专扬于国"之特权。但在整个封建国家内，则天子保有最高裁判之权。例如《鬲攸从鼎铭》中所载之攸卫、鬲从的争执，《散氏盘铭》所载之散氏、矢人的争执，皆系控诉于国王，最后由国王之裁判而获得解决。这种天子所保有之最高裁判权，到春秋时，才随着王权之旁落而归于消逝。代之而起的，是诸侯之间的武力解决与盟会调停。

西周的政治，就建筑在这种等级从属的社会关系之上，而构成其等级支配的政治组织。在这种政治组织中，天子是地上的最高权力之代表。在天子之下，有中央政府的组织。《书·酒诰》云："越在内服，百僚、庶尹、惟亚、惟服、宗工，越百姓里居。"此所谓"内服"，即指中央政府而言。此所谓"百僚""庶尹"等，即指中央政府的官吏而言。以天子为首之中央政府，是西周政府之最高的权力机关，它统辖着无数以诸侯为首之地方政府。此种地方政府，在当时称之曰天子之"外服"。《书·酒诰》云："越在外

---

[1] 金文中关于诸侯从征天子之记载其多，如《唯叔鼎铭》云："唯叔从王南征。"《贞敦铭》云："贞从王伐梁。"《噩侯鼎铭》云："王南征，伐角潏，惟还自征，在栟，噩侯驭。"

服、侯、甸、男、卫、邦伯。"此所谓"外服",正是指地方政府而言,而侯、男、邦伯,则系指地方诸侯而言。

当时中央政府的组织,极为庞大,官吏的名称,亦极为复杂,《书·立政》中有"任人准夫、牧,作三事,虎贲、缀衣、趣马小尹,左右携仆、百司庶府;大都、小伯、艺人、表臣百司;太史、尹伯、庶常吉士;司徒、司马、司空、亚旅",此外见于《书·顾命》者,尚有师氏、虎臣、百尹、御事。这些就是《金滕》所谓"诸史与百执事",亦即《冏命》所谓"侍御之臣"。《诗》云:"百辟卿士,媚于天子。"此之谓也。

这些官职,大概都见于《诗经》。如《小雅·十月之交》云:"皇父卿士,番维司徒。家伯维宰,仲允膳夫,聚子内史,蹶维趣马,楀维师氏……择三有事,亶侯多藏。"《周颂·载芟》云:"侯主侯伯,侯亚侯旅。"《小雅·雨无正》云:"三事大夫,莫肯夙夜。"以此证之,足见《尚书》所载,皆系事实。这些官吏,大概统率于总宰而直隶于天子,以构成中央政府之组织。《诗》云:"王命仲山甫,式是百辟。"又云:"不显维德,百辟其刑之。"

周代的国家,在外则有各级诸侯,"四国于蕃,四方于宣""方行天下""维周之翰"。在内则有各级卿士,"朝夕从事""莫肯夙夜""何戈与祋",为"王之爪牙"。于是西周的天子便"抚万邦,巡侯、甸""六服群辟,罔不承德",当时诗人为之颂曰:"四方攸同,皇王维辟。"此之谓也。

爵位的等级制与"五服""五等"之说

/ 翦 伯 赞 /

西周地方政府的组织，曾有"五服""五等"之说。所谓"五服"者，即谓依据诸侯封地之远近而封区，有甸、侯、宾、要、荒五服之分。《荀子·正论》云："封内甸服，封外侯服，侯卫宾服，蛮夷要服，戎狄荒服。"《国语·周语》上亦云："夫先王之制，邦内甸服，邦外侯服，侯卫宾服，夷蛮要服，戎狄荒服。""五服"之说，至于刘歆，则更扩而大之，于是在《周礼·夏官司马·大司马》，遂出现为"九畿"之说，所谓"九畿"者，即侯、甸、男、采、卫、蛮、夷、镇、蕃是也。[1]

---

[1] 《周礼·夏官司马·大司马》云："乃以九畿之籍施邦国之政职。方千里曰国畿，其外方五百里曰侯畿，又其外方五百里曰甸畿，又其外方五百里曰男畿，又其外方五百里曰采畿，又其外方五百里曰卫畿，又其外方五百里曰蛮畿，又其外方五百里曰夷畿，又其外方五百里曰镇畿，又其外方五百里曰蕃畿。"

考"五服"之说，首见于《尚书·禹贡》，盖战国时代儒家伪托之词也。至若"九畿"之说，则又为汉代儒家之理想的构图。实际上，周初的疆域，既无此广大，亦无此整齐划一。而且"五服"之说，置戎狄之服于蛮夷之服以外五百里，尤与实际情况不符。西周王畿在陕西，王畿之内，即有戎狄，而蛮若夷，则散布淮岱，远在南邦。颠倒事实，莫此为甚。其次，若依"五服"之说，则西周疆域，东西南北，皆已扩展至二千五百里以外之地。考之事实，则周直至宣王时代，其疆土之开拓，亦无如此之广大，此又与事实不符者也。

考之金文，并无"五服"之说。只有《令彝铭》中有："众诸侯，侯田男"之记载。而此所谓"侯田男"者，实即"众诸侯"之称谓，并非所谓"服也"。再考之《书·周书》其他各篇，亦无"五服"之说。《书·康诰》中曾有"侯甸、男邦、采卫"之语。但此云"侯甸、男邦、采卫"者，系指侯之甸、男之邦、采之卫而言，并非谓"侯""甸""男""采""卫"各为一"服"。《书·召诰》中亦有"侯甸、男邦伯"一语。但此亦系指"侯甸""男邦"之"伯"，非谓"侯""甸""男"各为一"服"。《书·酒诰》云："汝劼毖殷献臣，侯甸、男卫。"《君奭》云："……明恤。小臣屏侯甸……"《周官》云："惟周王抚万邦，巡侯甸。"凡此所谓侯甸、男卫，皆系用于侯之甸、男之卫的意义，并非侯、甸、男、卫各为一义，从而各为"一服"也。

我以为"甸"之为言，犹领土也。《书·立政》云："式商受命，奄甸万姓。""服"之为言，亦领土也。《诗·大雅·文王》云："上帝既命，侯于周服。""卫"之为言，与"甸""服"同义。《左传·定公四年》云："选建明德，以藩屏周。"故侯甸、男卫者，即侯领与男领之谓也。而所谓采服者，亦即采邑之领土，至于宾服、荒服，则为后来儒家所窜入，盖用以足成五服之数者也。《微栾鼎铭》中，曾有"骏治九服"一语。实则此所谓"九服"者，与《诗·商颂·玄鸟》"奄有九有"之"九有"，正同其意义，乃泛言领土之广大而已。

其次，西周诸侯的爵位，曾有"五等"之说，所谓五等者，即因诸侯封地有大小，诸侯爵位因而有公、侯、伯、子、男五等之差。《礼记·王制》云："王者之制禄爵，公、侯、伯、子、男，凡五等。"《孟子·万章》下记孟子答北宫锜周室班爵禄之问曰："天子一位，公一位，侯一位，伯一位，子、男同一位，凡五等也……天子之制，地方千里，公侯皆方百里，伯七十里，子、男五十里，凡四等。不能五十里，不达于天子，附于诸侯，曰附庸。"

如此说来，则周初岂不有无数方百里，方七十里，方五十里，以及方不及五十里之四方形的封区？果如此说，则周初的封建，必须在完成了领土的开拓以后，而且还须事前进行土地的测量，然后才能实现这样的封建。这当然是一种幻想。

周代并无四方形的封区，同时周代的封建，亦并非完成了领土之开拓以后才开始的。《左传·定公四年》云："昔武王克商，成王定之，选建明德，以藩屏周。"《书·康诰》亦云："周公初基，作新大邑于东国洛，四方民大和会，侯、甸、男、邦、采、卫，百工播民和，见士于周。"据此，则在成王时代，周室已大班爵禄，实则西周之大辟疆土，是在宣王时代。又周初的封建，并非先有现存之土地而后规其大小以为分封，乃系因武士占领之土地而封赐之。如因周公已经奠定商奄，才命以伯禽，俾侯于鲁。因唐叔已经攻占山西，然后才分以怀姓九宗，而封于夏墟。又如因夏之后聚于杞，而遂封之于杞；殷之后聚于宋，而遂封之于宋。又如《诗·大雅·崧高》述宣王封申伯事，上云："亹亹申伯，王缵之事。于邑于谢，南国是式。"下云："王命申伯，式是南邦。因是谢人，以作尔庸。"是亦因申伯已经"南国是式"，才命之"式是南邦"。因其已经"于邑于谢"，才命之"因是谢人"。又《诗·大雅·韩奕》述宣王封韩侯事，上云："溥彼韩城，燕师所完。以先祖受命，因时百蛮。"下云："王锡韩侯，其追其貊。奄受北国，因以其伯。"是亦因韩侯已经占领了韩城，已经自先祖以来，就受命"因时百蛮"，所以才命之"奄受北国，因以其伯"。凡此，皆足以证明周初的封建，皆系对于既存的事实加以追认的性质。"因是谢人""因以其伯""因商奄之民"，皆系最明显之例证。即因承认其既存的事实，所以西周的天子，便不能规其大小而制其封地之等差。诚然，当时各武士所占领的土地，其面积亦有大小之别，但亦绝不能如孟子所云，恰恰是百里、七十里、五十里之正方形的等差。因此，这种封地的等差之说，显然是战国时代的儒家目击当时诸侯领地过于庞大所引起的一种感慨而已。

按《书·武成》曾有"列爵惟五，分土惟三"一语，"列爵惟五"，当系指公、侯、伯、子、男而言，但"分土惟三"，则并非谓"公侯皆方百里，伯七十里，子、男五十里"，而系指天子分土于诸侯，诸侯分土于大夫，大夫分土于士，此种土地之等级分配而言。孟子之说，或即"分土惟三"之误解。

关于"列爵惟五"之爵位的等级制，在西周确曾存在。公、侯、伯、子、男五种名称，皆见于周金彝中。在周金彝中，其以"公"名器者，有"周公簋""召公尊""秦公簋""毛公鼎"等；其以"侯"名器者，有"齐侯钟""鲁侯鬲""曾侯钟""噩侯鼎"等；其以"伯"名器者，有"夲伯簋""北伯鼎""并伯簋""格伯簋"等；其以"子"名器者，有"许子妆簠""鄘子师钟"，此外《太保簋铭》中亦见"录子"之称；其以"男"名器者，不见于周金彝，但《筥小子簋铭》中有"男"，《内簍尊铭》中有"寺男"。

此种爵位制的形迹，亦见于《诗经》。如《诗·豳风·破斧》云："周公东征，四国是皇。"《鲁颂·閟宫》云："乃命鲁公，俾侯于东。"是《诗经》中有"公"也。《鄘风·载驰》云："载驰载驱，归唁卫侯。"《大雅·韩奕》云："王锡韩侯，其追其貊。"是《诗经》中有"侯"也。《崧高》云："申伯之功，召伯是营。"《小雅·黍苗》云："悠悠南行，召伯劳之。"是《诗经》中有"伯"也。《齐风·敝笱》云："齐子归止，其从如云。"是《诗经》中亦有"子"也。唯《诗经》中无"男"的称谓，与金文中"男"之少见，适相吻合。此外，如《小雅·白驹》云："尔公尔侯，逸豫无期。"《周南·兔罝》云："赳赳武夫，公侯干城。"《卫风·伯兮》云："伯也执殳，为王前驱。"从此可以看出，周初对于公、侯、伯，分别得很明白。

此种爵位制，是否用以表示诸侯之等差呢？我以为在周初确系用以表示诸侯的等差。因为当时武士占领的土地有大小，同时，他们与天子的关系亦有亲疏，而这就是爵位的等级发生的原因。《卫风·硕人》云："硕人其颀，衣锦褧衣。齐侯之子，卫侯之妻。东宫之妹，邢侯之姨，谭公维私。"在同一诗中，于齐于卫，则曰"侯"，于谭则曰"公"，足见公、侯在当时实有分别。《左传·哀公十三年》曰："自王以下，朝聘玉帛不同。故敝邑之职贡于吴，有丰于晋，无不及焉，以为伯也。"又《左传·昭公十三年》云："郑伯，男也，而使从公侯之贡。"由此足证公、侯、伯、子、男之爵位的等差，在西周时确曾存在，而其陷于紊乱，则始于西周末年，盛于春秋战国时代。其所以陷于紊乱，则是封建兼并战争所引起之结果。

社会经济的发展与等级制度的演变

/ 翦 伯 赞 /

春秋战国时代,社会生产关系之主要的构成,还是各级土地所有者的领主与土地之直接耕种者的庶人之间的从属关系。《左传·襄公十三年》云:"君子尚能而让其下,小人农力以事其上。"《孟子·滕文公》上曰:"无君子莫治野人,无野人莫养君子。"这些言语,正是说明自春秋以至战国时代社会生产关系的内容。

不过随着社会生产力的发展,这一时代的社会生产关系,也略有改变。

一方面,由于地方经济之发展以及因此而引起之封建兼并战争,强化了地方领主的独立性,因而削弱了最高领主的权威,从而松懈了天子与诸侯之间的等级从属关系。同时,在兼并战争中,许多地方领主被削弱,被覆灭,许多地方领主即以是而强大,因而又改变了土地所有之原来的形势,从而又使建筑于原来土地所有的形势上的爵位等级制逐渐趋于紊乱。

另一方面，也是由于地方经济之发展以及由此而引起之工商业的发展，于是在土地直接耕种者的庶人中，分化出独立手工业者与独立商人两种新的社会阶层。同时，由于封建领主的奢侈生活之提高，厮役扈养因而加多，于是从庶人中又分化出各种名称的贱奴。

土地所有者间相互关系的改变和土地直接耕种者内部之分化，使得当时的社会关系更为复杂。

据《左传·昭公七年》所云，当时社会之等级的从属关系是"王臣公，公臣大夫，大夫臣士，士臣皂，皂臣舆，舆臣隶，隶臣僚，僚臣仆，仆臣台，马有圉，牛有牧"。这样看来，在春秋时代，土地所有者的领主之间，还是保有王、公、大夫之原来的等级从属关系，而在土地直接耕种者的庶人之中，则已经发展出皂、舆、隶、僚、仆、台、圉、牧各种名称的贱奴。

又据《左传·襄公十四年》云："天子有公，诸侯有卿，卿置侧室，大夫有贰宗，士有朋友，庶人、工、商、皂、隶、牧、圉皆有亲暱，以相辅佐也。"《左传·桓公二年》亦云："天子建国，诸侯立家，卿置侧室，大夫有贰宗，士有隶子弟，庶人、工、商各有分亲，皆有等衰。"由此又证明在春秋时代，庶人之中已经分化出工商。又《左传·襄公九年》云："庶人力于农穑，商、工、皂、隶不知迁业。"《国语·周语》上云："庶人、工、商各守其业，以共其上。"这里皆将工、商与庶人、皂、隶并称，而且亦为食人者，由此又证明此所谓工商，实出于庶人之工商。

即因这样一个变动，所以便形成"公食贡，大夫食邑，士食田，庶人食力，工商食官，皂隶食职"的社会关系。一方面，是土地所有者的公、大夫、士；另一方面，是土地直接耕种者的庶人及由庶人中分化出来的工、商、皂、隶。

随着时代进入战国，一方面，许多原来的土地所有者失掉了土地所有；另一方面，许多原来没有土地的商人，获得了土地所有。由于土地所有之转移，于是大批失掉土地所有的领主从政治舞台上脱退出来，而大批新获得土地所有的商人登上了政治舞台。这样便改变了社会构成之原来的成分。但是新的土地所有者，还是土地所有者，他们并不因为出身于庶人而减轻对庶人的榨取，因而社会之主要的构成并没有改变。

土地所有关系的改变与爵位制的紊乱
/ 翦伯赞 /

现在我们说到领主的方面。

自西周末叶,由于兼并战争的开始,许多小领主便失掉了他们的土田与民人,而没落为琐尾流离之子。同时许多大领主则"公车千乘""公徒三万""穆穆皇皇,宜君宜王"。就从这一时代起,土地所有的形式改变了,因而以此为基础的爵位等级制也开始紊乱了。《书·毕命》云:"世禄之家,鲜克由礼",正是说明这一历史内容。

到春秋时代,各大封区便等于一个独立国家。《左传·庄公十四年》云:"苟主社稷,国内之民,其谁不为臣?"《左传·昭公七年》云:"封略之内,何非君土?食土之毛,谁非君臣?"《孟子·公孙丑》上曰:"尺地,莫非其有也;一民,莫非其臣也。"由此可以想见当时诸侯之权威。由于诸侯权威的高涨,于是便削弱了天子的尊严。这时的诸侯，不但不听王命[1]，不缴贡纳[2]，而且周郑交质，齐楚窥鼎，变成一个"君不君，臣不臣"的局面了。这样一来，过去天子对诸侯的从属关系，只是以形式上的具文而存在，换言之，即以"礼也""非礼也"之道德的拘束而被保存。降至战国，则周代的天子反而变成了诸侯的附庸，等级从属的关系依照土地所有的大小而被颠倒了。

同时，从西周末叶起就开始紊乱了的爵位制，到春秋时代就更加紊乱了。当此之时，诸侯的爵位之授予已经不出于天子，而是诸侯随便自称。如郑伯，男也，而称伯；晋，侯也，而称公；秦，伯也，而称公；楚，子也，而亦称公。反之，鲁，公也，而称侯。其他许多小国，皆公、侯、伯、子、男随便自称。[3]不仅公、侯、

---

[1]《左传·僖公二十四年》云："（郑伯）不听王命……王怒，将以狄伐郑。"

[2]《左传·僖公四年》载齐桓公责楚子之言曰："尔贡包茅不入，王祭不共。"

[3] 郭沫若氏《周代彝铭中无五服五等之制》一文中，关于公侯伯子无定称，曾有如次之考证。郭氏云："鲁于《春秋》称'公'，而彝铭中称'侯'，有鲁侯鬲、鲁侯簋、鲁侯爵。又有王令明公尊，亦有'鲁侯有𢦏（戡）工（功）'之语。晋于《春秋》称侯，而晋邦盦自称曰'晋公'。秦称伯，而秦盉和钟及秦公簋均称'公'，又有秦子戈称'子'。滕、薛一律称'侯'。滕有滕侯鯀簋、滕侯盨（彝文滕字从火）。薛有痹侯鼎、痹侯盘、痹侯匜。楚于《春秋》称子，而楚公钟各器均称'公'，又有楚子簋称'子'。宋人书中有楚钟数具，自称'楚王'。邾娄及小邾娄《春秋》均称'子'，而有邾公华钟、邾公轻钟、邾公钊钟均称'公'，又有邾伯鼎、邾伯鬲则称'伯'。《春秋》有鄫国称子，而金彝有曾子簋（二器），有曾伯簋，称'子'亦称'伯'。《春秋》有邓国称'侯'，而邓公簋称'公'。又如郜乃小国，于《春秋》不与盟会；而有郜史簋、郜公簋、郜公盂，均称'公'。"唯郭氏以为公侯伯子，原来即无定称，只是古诸侯之各种不同的称谓。我则以为他们之无定称，是后来发展的结果。

伯、子、男随便自称，而且亦有称王者。如夨为伯而称王、录为伯而称王、夆为伯而称王、徐莒吴楚燕皆称王。[1]降至战国，则"大则以王，小则以霸"。过去之爵位的等级制，便随着土地所有的形式之改变而被破坏了。

在兼并战争中，许多旧的小领主没落了，代之而起的，是由兼并战争中兴起的武士转化而来的大夫。于是旧的小领主的土地，

---

[1] 郭氏前揭文关于古诸侯称王者，亦有如此之考证。郭氏云："诸侯可称王。如散氏盘'厥受图夨王于豆新宫东庭'，夨乃周之诸侯而称'王'。此外，尚有'夨王作宝尊'。又同卣'佳十又一月，夨王赐同金车弓矢，同对扬王休，用作父戊宝尊彝'，均称'王'。而别有夨伯彝则称'伯'。有录伯威簋，上云：'王若曰录伯威，繇自乃祖考有劳于周邦，'下言：'录伯威敢拜手稽首对扬天子丕显休，用作朕皇考釐王宝尊簋。'录伯的'皇考釐王'，就是'有劳于周邦'的'乃考'，当然不是周釐王，是亦以'伯'而称'王'。又有夆伯簋，上言：'王命仲到归（馈）夆伯貔裘，王若曰夆伯，朕丕显祖玟、珷，膺受大命，乃祖克奔（弼）先王，翼自它邦'；下言：'敢对扬天子丕显鲁休，用作朕皇考武夆几王尊簋。'是夆亦以'伯'而称'王'。此外如徐，《春秋》时称'人'称'子'者，而彝器中有郐王鼎、郐王尚。受楣盂自称为'郐王季禀之孙受楣'。沇儿钟自称为'郐王庚之禀子沇儿'。莒在《春秋》称'子'者，而有吕鬲、吕王壶，又邿肇钟自称'余戴公之孙，邿伯之子'。吴本称'王'，有'攻吴王夫差监'，有'工獻王䵣之子诸减钟'，一作'攻獻王䵣熊之子诸温'。吴古称句吴，'工獻''攻吴'，即'句吴'之异文。燕亦称'王'，有郾王戈、郾王詈戈；而同时亦称'公''侯'，有匽公匜、匽侯鼎、匽侯旨鼎、匽侯簋、郾侯矛。此外尚有敫王盉、邵王鼎、邵王簋。（邵同召，疑即燕之别名。）"根据以上例证，郭氏认为皇王后辟与公侯伯子男同为诸侯之通称，并无等级之分。但郭氏所举之以上诸例证，除燕以外，大概皆非周族，如夨如录如夆，皆系羌族。如徐如吕，皆系商族。如吴如楚，皆系夏族。此等诸侯的首长，则是以一种人格出现，故其称王，实为爵位制紊乱以后之事。

便夷为大诸侯的县邑，而分赐其有功于战争之武士以为大夫。《左传·哀公二年》云："克敌者，上大夫受县，下大夫受郡。"由此足见当时受县受郡之大夫，皆系克敌制胜之武士。如前所述，这些大夫后来又相互兼并，弱者灭而强者大，他们渐渐在大诸侯的封疆以内形成许多保有相对独立性的采邑，因而演变成"狐裘龙茸，一国三公"的现象。不仅如此，这些大夫还企图取诸侯而代之。在春秋时代，弑君的记载，充满史乘。到春秋末，田氏篡齐，六卿分晋，而篡窃之大夫，遂一跃而为诸侯了。到这一时代，所谓"王臣公，公臣大夫"之等级从属关系，已经荡然无存。到战国时，随着新兴商人的土地所有之扩大，郡县制的出现，大夫才纷纷"归邑与政"，交出领邑，交出政权，一变而为诸侯属下的官吏。因而土地所有才得以集中于诸侯，于以形成七国之集权主义的政治倾向。

春秋时代的士，大半都有土地和农奴，所谓"士食田""士有隶子弟"者，正是说明这一事实。至于战国，随着采邑制的崩溃，便出现了无田无土的士，所谓"士无田则不祭""士无土则不君"，又正是说明这一事实。此种无田、无土、不祭、不君的士，到战国时便转化为七大诸侯之下的低级行政官吏，或军队组织中之中级干部，有些则投身贵族之门而为其食客。当时之士，诚如《荀子》所云："今之所谓士仕者，污漫者也，贼乱者也，恣睢者也，贪利者也；触抵者也，无礼义而唯权势之嗜者也。"（《非十二子篇》）

最后说到没落的小领主。没落小领主是封建庄园经济中所排泄出来的一部分历史的残渣。但是，这种历史的残渣，还是沉淀在春秋战国时代的社会中，成为一个独特的社会阶层。以身份而论，他们都是封建贵族，但以境遇而论，他们已经沦于饥寒交迫之中。这些贫穷的贵族自从西周末年在共伯和的领导之下举行一次叛乱以后，到春秋时，便再没有力量发动倒转历史车轮的反动。到战国时，他们之中虽然有一部分人还在发出"复古主义"的呼号，但大部分因衣食所迫，都已降志屈身，投依于当时的诸侯，而为其政治使用人。当旧领主与新兴商人的斗争开始之时，这些没落的小领主便出现为游说之士，纵横捭阖于诸侯之间，扶助旧领主以反对新兴商人的势力。这一时代的没落小领主，就是《荀子》所谓"处士"。而这种"处士"，诚如《荀子》所云："今之所谓处士者，无能而云能者也，无知而云知者也，利心无足而佯无欲者也，行伪险秽而强高言谨悫者也。以不俗为俗，离纵而跂訾者也。"（《非十二子篇》）

第二章
秦汉

确立和发展

秦族的渊源与秦代封建专制主义国家的建立

/ 翦伯赞 /

前221年,中国的历史进入了秦代。

秦代王朝虽然像纸炮一声轰然而灭,但它却揭开了中国中期封建社会的序幕。中国的历史从这一时代起,就从初期封建制走向专制主义的封建制。

秦代王朝的创立者——秦族,本是夏族的一支,即羌族的苗裔。[1]这个种族原住鄂尔多斯的原野,大约在旧石器时代末期,其

---

[1] 《史记·秦本纪》云:"秦之先,帝颛顼之苗裔孙曰女脩。女脩织,玄鸟陨卵,女脩吞之,生子大业。"大业是为秦之始祖。按《国语·鲁语》上谓"夏后氏禘黄帝而祖颛顼",《秦本纪》亦谓"秦之先,帝颛顼之苗裔孙曰女脩",是传说中谓夏与秦同祖也。又《管子·小匡》云:"(齐桓公)乘桴济河……逾太行,与卑耳之貉拘秦夏。"是春秋时,秦族尚称秦夏也。又《左传·襄公二十九年》载:吴公子札聘鲁,鲁使工为之歌,歌至秦,公子札曰:"此之为夏声。"是春秋时,秦之声,尚称夏声也。根据以上各种传说,吾故曰,秦为夏族之一支。夏族原住鄂尔多斯,故秦族始祖,亦当流浪于此。

族类即溯黄河而西上,缓缓向甘肃西南移徙。到新石器时代早期,或已定住于甘肃西南黄河河谷洮河河谷一带,开始了植物栽培与动物驯养的生活。[1]但直至此时,秦族并未从羌族中分化出来,所以尚无秦族之名。秦族之从羌族中分化出来,那是有史以后的事。

秦族之离开今甘肃西南而东徙,约在新石器时代中期,即传说中之"尧、舜、禹"时代。当时沿渭水而东徙的羌族,除秦族外,尚有其他诸羌之族,其中首先进入中原的是周族。周族入据中原以后,遂称后来东徙诸羌曰西戎,以别于甘肃的诸羌。实则所谓西戎,就是诸羌的别称。[2]秦族为东徙诸羌之一,故亦称秦

---

[1] 如《史记·秦本纪》所记,秦之先,为帝颛顼之苗裔。《左传·文公十八年》云:"颛顼有不才子,不可教训,不知话言,告之则顽,舍之则嚚,傲很明德,以乱天常,天下之民谓之'梼杌'……舜臣尧……投诸四裔,以御螭魅。"这一传说,即暗示夏族之一支,徙向边远之地。这一支夏族究竟徙向何处呢?《左传·昭公九年》云:"先王居梼杌于四裔,以御螭魅,故允姓之奸,居于瓜州。"按瓜州在今甘肃,正史前诸羌分布之地,吾故曰大约在新石器时代初期,秦族即徙居甘肃西南。又《左传·昭公十年》云:"今兹岁在颛顼之虚,姜氏、任氏,实守其地。"按"姜""羌"古为一字。姜氏者,即羌氏,则羌族与传说中之颛顼又实有关系。吾故曰:秦为羌族。
[2] 《左传·襄公十四年》云:"将执戎子驹支,范宣子亲数诸朝,曰:'来!姜戎氏。'"是明言戎为羌也。同书同传又载戎子驹支答范宣子之语曰:昔"惠公……谓我诸戎是四岳之裔胄也……"。按《国语》谓四岳姜姓。《周语》下曰:"祚四岳国,命以侯伯,赐姓曰姜。"是则四岳之裔胄,皆为羌族,戎为四岳之裔胄,故亦为羌族也。

戎。[1]大约就在新石器时代中期，秦族的前锋，即已到达陕西境内，与东夏之族发生接触。[2]到新石器时代晚期，其族类遂分布于今日陕西西部[3]。

以后，由于殷族在东方之勃兴，占领中原，西服诸羌，秦族亦与诸羌同时沦为殷代奴隶国家的臣属。[4]大约即于此时，秦族即通过奴隶制的文明，走出了历史上之野蛮时代的境界。

及至周族克殷，陕西的诸羌在周族之领导下，大半先后东徙中原。其残留于陕西的诸羌，即被周族称为西戎。秦族之中，也有一部于周初东徙中原。此等东徙中原的秦族，以后在周族封建文化

---

[1] 《管子·小匡》云："西服流沙西虞，而秦戎始从。"是明言秦为戎也。《史记·秦本纪》云："申侯乃言孝王曰：'昔我先郦山之女，为戎胥轩妻，生中潏，以亲故归周，保西垂，西垂以其故和睦。今我复与大骆妻，生适子成。申骆重婚，西戎皆服，所以为王。'"按胥轩、大骆皆为秦之远祖，而称胥轩曰戎胥轩，是秦之族称戎之又一证也。

[2] 《史记·秦本纪》云：秦之始祖"大业取少典之子，曰女华。女华生大费，与禹平水土。已成，帝锡玄圭，禹受曰：'非予能成，亦大费为辅。'帝舜曰：'咨尔费，赞禹功，其赐尔皂游。尔后嗣将大出。'乃妻之姚姓之玉女，大费拜受。佐舜调驯鸟兽，鸟兽多驯服，是为柏翳。舜赐姓嬴氏。"此种传说，即暗示秦之远祖，已与舜禹发生关系，舜禹是特征东夏之族的传说人物。吾故曰，在新石器时代中期，秦族已与东夏之族发生接触。

[3] 《史记·秦本纪》云："大费生子二人……其玄孙曰费昌，子孙或在中国，或在夷狄。费昌当夏桀之时……"按夏桀之时，正值新石器时代晚期之末。

[4] 《史记·秦本纪》云："自太戊以下，中衍之后，遂世有功，以佐殷国，故嬴姓多显，遂为诸侯。其玄孙曰中潏，在西戎，保西垂。生蜚廉，蜚廉生恶来。恶来有力，蜚廉善走，父子俱以材力事殷纣。"

影响之下，与周族同化。[1]其留在陕西境内的秦族，则沦为周族的臣属。

在周穆王时（前1000年左右），分布于陕甘边境的秦族又有一支东渡黄河，徙于汾河河谷，这就是传说中所谓造父之族。[2]造父之族，其前锋似曾到达淮河流域。[3]但直至周孝王时（前9世纪左右），秦族的大部分族类，还是与诸戎杂处，游牧于汧渭之间。[4]

到周厉王时（前841年之前），陕甘一带袭来了普遍的大旱

---

[1] 《史记·秦本纪》："秦之先为嬴姓，其后分封，以国为姓。有徐氏、郯氏、莒氏、终黎氏、运奄氏、菟裘氏、将梁氏、黄氏、江氏、修鱼氏、白冥氏、蜚廉氏、秦氏。然秦以其先造父封赵城，为赵氏。"按以上十四族，其中大半为周代中原之封国。如将梁氏（即梁氏）在渭水下游，后并于秦。蜚廉氏曾"为纣石北方"并"为坛霍太山",《地理志》谓霍太山在河东彘县（今山西霍州市东北），故与赵氏同在山西。其他如徐、郯、莒、江、黄、终黎（即钟离）皆系春秋时徐淮一带的国名。此等诸族，果如《秦本纪》所云皆系秦族之裔，则其进入中原，当在周初。又《左传》称女子曰姜、曰姬、曰妘、曰子、曰己、曰嬴，或谓此乃当时女子之别称。实则此种不同之称谓，乃所以别女子之族姓。如于齐则曰姜，于周则曰姬，于陈则曰妘，于莒则曰己，于秦则曰嬴。考《左传》于秦之女称嬴以外，于徐亦称嬴，与《史记》合。但此外于怀于葛之女亦称嬴。如《左传·僖公十七年》，谓齐侯内嬖如夫人者六人，其一为葛嬴。同十三年传云："秦伯纳女五人，怀嬴与焉。"是怀、葛亦当为秦族矣。

[2] 同上书云："缪王以赵城封造父，造父族由此为赵氏。"

[3] 同上书云："徐偃王作乱，造父为缪王御，长驱归周，一日千里以救乱。"

[4] 《史记·秦本纪》云：秦之祖"非子居犬丘，好马及畜，善养息之。犬丘人言之周孝王，孝王召使主马于汧渭之间。"又《师酉殷铭》云："唯（孝）王元年正月，王在吴（虞），格吴（虞）太庙，公族琅厘入佑师西王呼史内史䐌，册命师酉，嗣乃祖啻言，邑人、虎臣、西门夷、㚓夷、秦夷、京夷、卑强身夷。"以上诸夷，皆系与秦族杂处于陕西境内之诸戎。

灾。诸戎之族，遂驱其畜群，东向就食，时秦族亦在其内。周宣王时（前827—前782），周族已感到诸戎的压迫，乃运用以戎制戎的政策，封秦族的酋长秦仲为大夫，使之抵抗其他诸戎。秦仲不久死于火并战争之中，其子继之，仍为周族的西垂大夫，是为庄公。庄公在周族支持之下，继续与诸戎相抗。

周幽王时（前781—前771），陕甘一带又袭来了空前的大旱。当此之时，诸戎之族冲破了周族西北的封锁线，闯进陕西的腹部。其中犬戎与申戎，攻陷西周的首都，杀死幽王于骊山之下。当时，秦襄公站在周族的方面，"将兵救周，战甚力，有功"。然而终于不能阻止诸戎东徙的猛潮，所以到平王时，周族遂被迫放弃陕西，东迁洛邑（今河南洛阳）。据《史记·秦本纪》云："（当时）襄公以兵送周平王。平王封襄公为诸侯，赐之岐（今陕西岐山县）以西之地。曰：'戎无道，侵夺我岐、丰之地。秦能攻逐戎，即有其地。'与誓，封爵之，襄公于是始国。"由此看来，秦族的始建国，乃在西周末叶。[1]

春秋初，陕西全境已成为诸戎驰逐之场，而秦族于诸戎中最为

---

[1] 秦建国始于何时，其说不一。《秦公钟铭》云："丕显朕皇祖受天命，奄有下国，十有二公。"此"十有二公"之首公，当然为秦族始"受天命"之"皇祖"。但此十有二公之首公，究属秦之何公，尚无定论。欧阳修《集古录》以为《史记·秦本纪》云："襄公始列为诸侯，于《诸侯年表》则以秦仲为始。今据《年表》始秦仲，则至康公为十二公；《本纪》始襄公，则十二公为桓公。总之，此十有二公之首公，非秦仲即襄公，而秦钟之铸，非共公时即景公时也。"

强大。它占领了汧渭之间土地肥美的河谷，这里不但水草丰富，宜于畜牧，而且是周族文化发祥之地，有着繁荣的庄园农业和手工业的存在。秦族既据有优越的自然条件，又因袭周族的文化遗产，同时更以其氏族制的历史活力，注入周代封建文化之中，故在春秋初叶勃然兴起，征服邻近诸戎，成为当时西北的一个新兴的力量。[1]他把诸戎的土地收夺为县邑，诸戎的族类转化为农奴，逐渐把诸戎的社会经济推向封建主义的历史边缘，并使诸戎之族在封建地方关系之中化除其种族的界线，融解于秦族的封建国家之中。所以西周时的诸戎不复见于春秋中叶以后，这并不是诸戎之族为秦所灭绝，而是与秦族混而为一了。

秦族就在不断地征伐战争中，建立起一个强大的封建国家。到穆公时，这个国家便西并诸戎，把它的领土西展至陕甘边境，北拓至陕西北部，[2]同时又东灭梁、芮，打通进出中原的道路，并进而伸张其势力于中原。有名的韩原（今陕西韩城西南）之战，正是秦国势力昂扬东进的开始。唯当时晋国强大，仍为秦国东进的阻力，所以到康公之世，秦国便以全力打击晋国，一败晋于令狐（今山西

---

[1] 《史记·秦本纪》云："文公以兵伐戎，戎败走，于是文公遂收周余民有之，地至岐。""宁公二年，公徙居平阳，遣兵伐荡社。三年，与亳战，亳王奔戎，遂灭荡社。""十二年，伐荡氏，取之。""武公元年，伐彭戏氏，至于华山下……十年，伐邽、冀戎，初县之。十一年，初县杜、郑，灭小虢。""成公元年，梁伯、芮伯来朝。"

[2] 同上书云：穆公"三十七年，秦用由余谋伐戎王。益国十二，开地千里，遂霸西戎"。

临猗西），再败晋于武城（今陕西华县[1]东），三败晋于羁马（今山西永济南），四败晋于河曲（今山西芮城县风陵渡一带），把晋国打得落花流水。降至战国初，韩、赵、魏三分晋国，秦国的东线解除了威胁，于是秦国在这一历史间隙中征服了陕西全境的诸戎，并进而征服甘肃东北及汉中一带的诸羌。[2]从此以后，秦国便以日益高涨的压力，侵陵中原诸国。

秦国之走上新的历史发展阶段，始于孝公时代（前361年以后）。据《史记·秦本纪》云："孝公元年，河山以东强国六，与齐威、楚宣、魏惠、燕悼、韩哀、赵成侯，并淮泗之间小国十余。楚、魏与秦接界。魏筑长城，自郑滨洛以北，有上郡。楚自汉中，南有巴、黔中。周室微，诸侯力政，争相并。秦僻在雍州，不与中国诸侯之会盟，夷翟遇之。"由此而知当时秦国已与六国诸侯形成一种对垒的形势。但是当时中原六大强国的社会内部已经展开了新旧土地所有者的矛盾斗争，新兴的商人地主正要求摆脱旧领主的束缚，建立封建主义的新体制。但当时六国旧领主根深蒂固，正如百足之虫，死而不僵。秦国为一新兴的国家，并没有传统的历史束缚，所以新兴的商人地主首先在秦国获得了政权。商鞅变法，正是秦国历史之新的转向的表现。所谓商鞅变法，就是变封疆为郡县，

---

[1] 华县，即今陕西省渭南市华州区。——编者注
[2] 《史记·秦本纪》云："厉共公二年，蜀人来赂。十六年，堑河旁。以兵二万伐大荔，取其王城。二十一年，初县频阳。""灵公六年，晋城少梁，秦击之。十三年，城籍姑。"惠公"十三年，伐蜀，取南郑"。

变庄园为佃耕，变力役地租为现物地租。[1]由于变法的结果，于是更提高了秦国社会的生产力，由此而超越了六国社会经济的发展。所以史称孝公之世，"民以殷盛，国以富强，百姓乐用，诸侯亲服，获楚魏之师，举地千里，至今治彊"。

秦国自变法以后，它就变成了六国中新的土地所有者反对旧领主的堡垒。因而以前种族的对立，到孝公以后，便一变而为当时中国社会内部的矛盾对立。一方面，新的土地所有者以秦国为支柱，组织了反旧领主的连横派；另一方面，六国的旧领主也组织了自卫的合纵派。这两派在战国中叶以后，展开了剧烈的斗争。所以自孝公以后，秦与六国的斗争，就是新旧土地所有者的斗争。

历史发展的原理，决定了这个斗争的结局是新的土地所有者的胜利，所以秦自孝公以后，便以压倒之力东向中原。"当是时，齐有孟尝，赵有平原，楚有春申，魏有信陵。此四君者，皆明智而忠信，宽厚而爱人，尊贤重士，约从离衡，并韩、魏、燕、楚、齐、赵、宋、卫、中山之众。于是六国之士有宁越、徐尚、苏秦、杜赫之属为之谋，齐明、周最、陈轸、昭滑、楼缓、翟景、苏厉、乐毅之徒通其意，吴起、孙膑、带佗、倪良、王廖、田忌、廉颇、赵奢之朋制其兵。常以十倍之地，百万之众，叩关而攻秦。秦人开关延敌，九国之师逡巡遁逃而不敢进，秦无亡矢遗镞之费，而天下诸侯

---

[1] 《史记·秦本纪》云：孝公"十二年……并诸小乡聚，集为大县，县一令，四十一县。为田开阡陌……十四年，初为赋"。

已困矣。于是从散约解，争割地而奉秦，秦有余力而制其敝，追亡逐北，伏尸百万，流血漂卤，因利乘便，宰割天下，分裂河山，强国请服，弱国入朝。"这样的事实，就充分地证明了任何主观的企图都不足以倒转历史的车轮，秦与六国的斗争，正是一个最好的例子。

据史载，秦至惠王之世："用张仪之计，拔三川之地，西并巴、蜀，北收上郡，南取汉中，包九夷，制鄢、郢……"至于昭王，秦国的势力遂深入黄河腹部，臣服韩魏，挟制东周，东逼齐鲁，北临燕赵，南窥荆楚，西略巴蜀，伐巫郡，远至于黔中。于是秦国不仅把中原诸国置于其控制之下，而且伸张其统治于川黔一带。

到秦始皇时，"秦地已并巴蜀、汉中，越宛有郢，置南郡矣；北收上郡以东，有河东、太原、上党郡；东至荥阳，灭二周，置三川郡。"当此之时，中原六国已如盛开之花，临于萎谢，秦国则如暴风雷雨，闪击中原，于是"吞二周而亡诸侯，履至尊而制六合"，[1]在初期封建社会的废墟上建立起一个崭新的封建专制主义的帝国。而中国历史也就随着新兴商人地主之登场，揭开了中国封建社会的幕布。

---

[1] 始皇十七年，内史腾灭韩，俘韩王安。十九年王翦羌瘣灭赵，俘赵王迁。二二年王贲灭魏，俘魏王假。二四年，王翦、蒙武灭楚，楚王昌平君死。二五年，王贲灭燕，俘燕王喜。二六年，王贲灭齐，俘齐王建。于是六国毕，四海一。

西汉政权的性质与汉初的"贱商政策"
/ 翦 伯 赞 /

秦末的农民"叛乱"颠覆了秦代商人地主的政权,但并没有改变这个政权依以建立的社会经济基础,因而从农民"叛乱"的血泊中生长出来的西汉政权,仍然是商人地主的政权。

汉高祖本是一个小土豪出身,小土豪的社会属性,与其说是接近于农民,毋宁说是接近于商人地主,因为他们同样是以榨取农民为生活。即因如此,所以就决定了他之必然走向商人地主的方面。

果然,当旧贵族与秦代商人地主的主力军血战于河北之时,汉高祖却打着除秦苛法的旗帜,骗到了一部分农民的武装,与赵高里应外合,西入武关。一入武关,便宣布了"约法三章",倒在商人地主的怀抱之中,因而获得巴、蜀、汉中一带大商人地主之财政的支持,得以完成其军队之武装的装备与粮秣的补充,从而得以展开后来楚汉相峙的局面。

楚汉的斗争，实际上就是残余的旧贵族与商人地主的斗争。在这个斗争中，汉高祖公开地站在商人地主的方面，替他们执行讨伐旧贵族的反动之历史任务。历史发展的倾向决定了这个斗争的胜利属于商人地主，因而汉高祖才能胜利地消灭了旧贵族的势力，使天下归于一统，从而汉高祖才能去掉竹皮冠，戴上皇帝的冕旒。

这样看来，汉高祖之成帝业，并不因为他是赤帝之子，也不因为他是陶唐氏之后，更不因为他"左股有七十二黑子"，而是因为在他的后面，有着一个庞大的商人地主集团做他的后台老板。

为了巩固商人地主的政权，汉高祖和秦始皇一样，一开始便展开了两条战线的斗争。所谓两条战线的斗争，即一方面肃清残余的旧贵族，一方面镇压农民。

旧贵族在战国末叶已经失掉了他们的社会基础，以后经过秦代政府的坑杀抑压，死的死，降的降，逃的逃，更零落得不成一个阶层。在秦末，旧贵族之所以尚能掀起一个倒转历史的运动，这并不是由于他们本身还具有这样的历史活动，完全是凭借农民"叛乱"的力量。他们把盲动的农民"叛乱"引导到自己的政治方向，以实现自己的政治目的。这正如传奇中所说的借尸还魂一样，旧贵族在秦末已经变为一个没有肉体的游魂。因此他们的反动，也就正像昙花一现，顷刻之间便归于消灭了。

楚汉战争可以说是商人地主对旧贵族之最后的清算，而且旧贵族也确实被清算了。项羽的集团在乌江之役，做了最后的结束；田横的脑袋由二客捧呈于汉高祖的御前；韩王信也逃亡于匈奴；剩下一个替高祖"运筹于帷幄之中,决胜于千里之外"的张子房,看见风头不好,"乃学辟谷,道引轻身","弃人间事"。此外如叔孙通及鲁国一部分旧贵族中的文人,则已投降新朝,替新皇帝制礼作乐。旧贵族中的不屈之士,只有田横的五百壮士,但他们都已自刎于孤岛;还有鲁两生,虽不投降,但绝造不起反来。由此看来,旧贵族到汉初已经最终地从中国历史上退去了。

但是汉高祖却因为亲自领略过旧贵族的教训,鸿门之宴,彭城之败,荥阳之围,他永远不能忘记。所以当他即位以后,便听从刘敬的建议[1],把齐、楚、燕、赵、韩、魏的后裔都强制地移徙于关中加以软禁。[2]这样一来,所有残余的旧贵族都一网打尽了。这些强制移徙于关中的残余旧贵族到后来都转化为商人地主了。

农民在楚汉战争结束以后,都已放下武器,解甲归田。他们正像一群羔羊在新朝的郡守、县令、三老的层叠统治之下,重新负起繁苛的租税和苦重的徭役。在大动乱之后,农民需要安息,无论如何,他们不会马上又来一个暴动。但是汉代的高皇帝曾经亲眼看见

---

[1] 《汉书·娄敬传》云:"夫诸侯初起时,非齐诸田,楚昭、屈、景莫与。今陛下虽都关中,实少人。北近胡寇,东有六国强族,一旦有变,陛下亦未得安枕而卧也。臣愿陛下徙齐诸田,楚昭、屈、景,燕、赵、韩、魏后,及豪杰名家,且实关中。无事,可以备胡;诸侯有变,亦足率以东伐,此强本弱末之术也。"

[2] 《汉书·高帝纪》云:九年"十一月,徙齐、楚大族昭氏、屈氏、景氏、怀氏、田氏五姓关中,与利田宅"。据《娄敬传》所记,此次所徙共为十万余口,这五姓真可谓大族了。又据《汉书·地理志》云:"汉兴立都长安,徙齐诸田,楚昭、屈、景及诸功臣家于长陵……盖亦以强干弱支,非独为奉山园也。"

这些羔羊变成狮子，因此不能不对这些农民加以严密的防范，以警戒可能的意外。

为了镇压农民，西汉政府不惜对匈奴采取和亲的政策，而把武装分布于国内，当时的军队，有轻车、骑士、材官、楼船。平地则用车骑，山阻则用材官，水泉则用楼船。[1]据《文献通考》卷一百五十《兵考》二云："大抵巴蜀、三河、颍川诸处，止有材官，上郡、北地、陇西诸处，止有车骑，而庐江、浔阳、会稽诸处，止有楼船。三者之兵，虽各随其地之所宜……"这样一来，商人地主的武装便布满郡国，所有的刀剑，都指向农民。

与武装的镇压平头并进的，是刑法的威吓。如前所述，高祖入关，只有"约法三章"：杀人者死，伤人及盗抵罪。余悉废除。但据《通典·刑典》所述，其后不久，以三章之法，不足以御奸，于是萧何攈摭秦法，取其宜于时者，作律九章。以后"叔孙通益律所不及，傍章十八篇，张汤《越宫律》二十七篇，赵禹《朝律》六篇，合六十篇。又汉时决事，集为令甲以下三百余篇"。所谓令甲以下者，即令甲、令乙、令丙、令丁……之谓，此皆由皇帝之诏令而著为法律者。因诏令有先后，故次为甲、乙、丙、丁三百余篇。由此而知三章之法，不久便变成三百余章了。

又据《汉书·刑法志》云："武帝即位……征发烦数，百姓贫耗，穷民犯法，酷吏击断，奸轨不胜。于是招进张汤、赵禹之属，

---

[1] 《后汉书·光武帝》注引《汉官仪》。

条定法令，作见知故纵、监临部主之法，缓深故之罪，急纵出之诛。其后奸猾巧法，转相比况，禁罔寖密。律令凡三百五十九章，大辟四百九条，千八百八十二事，死罪决事比万三千四百七十二事。文书盈于几阁，典者不能遍睹。是以郡国承用者驳，或罪同而论异，奸吏因缘为市。所欲活则傅生议，所欲陷则予死比，议者咸冤伤之。"

这样的严刑峻法愈演愈烈。到宣帝时，廷尉史路温舒上疏言曰："秦有十失，其一尚存，治狱之吏是也。"到成帝时，法令更繁。成帝曾有诏曰："《甫刑》云：'五刑之属三千，大辟之罚，其属二百。'今大辟之刑，千有余条，律令繁多，百有余万言。奇请它比，日以益滋，自明习者不知所由，欲以晓谕众庶，不亦难乎！"

据史籍所载，西汉的刑法有夷三族[1]、要斩[2]、磔[3]、弃市[4]、

---

[1] 《汉书·高帝纪》云：九年，"捕赵王敖下狱，诏敢有随王，罪三族。"三族者，父族、母族、妻族也。

[2] 《汉书·隽不疑传》云：张延年自称卫太子，"坐诬罔不道，要斩东市。"要斩者，即腰斩也。

[3] 《汉书·景帝纪》云："中元二年，改磔曰弃市。"磔者，张其尸也。

[4] 同上书注："谓之弃市者，取刑人于市，与众弃之也。"

腐刑[1]、髡钳[2]、完[3]、城旦舂[4]、鬼薪、白粲[5]、耐[6]、罚作[7]、笞[8]等，而这就是"除秦苛法"的西汉政府之"仁政"。

或曰，这些刑法乃为一般人民而设，非专为农民而设。但封建时代的刑法，是以"不及大夫"为原则，西汉政府仍然没有破坏这个原则。《汉书·高帝纪》有云："郎中有罪耐以上，请之。"《贾谊传》亦云："是后（文帝以后）大臣有罪，皆自杀，不受刑。"由此而知刑法是为谁而设了。

不仅如此，西汉有赎罪之法，令犯罪者得以纳钱或入粟赎

---

[1] 《汉书·景帝纪》云：中元四年，死罪"欲腐者许之"。腐刑曰宫刑，又曰下蚕室。谓之腐者，以丈夫割势，不能生子，如腐木不生实也。

[2] 《汉书·高帝纪》云：九年，"郎中田叔、孟舒等十人，自髡钳为王家奴。"髡者，割发也；钳者，以铁束头也。

[3] 《汉书·惠帝纪》云：惠帝即位，"民年七十以上，若不满十岁，有罪当刑者，皆完之。"完者，不加肉刑，髡鬚之也。

[4] 同上书云："有罪当刑及当为城旦舂者"。城旦者，旦起行治城；舂者，妇人不豫外徭，但舂作米；皆四年徒刑也。

[5] 同上书云："皆耐为鬼薪、白粲。"鬼薪者，取薪给宗庙；白粲者，坐择米使正白；皆三年徒刑也。

[6] 《汉书·高帝纪》云：七年，"令郎中有罪耐以上，请之。"耐或作耏，轻罪不至于髡，完其耐鬓。一岁为罚作，二岁耐，以上为耐也。

[7] 见上注，罚作，一年徒刑也。

[8] 《汉书·刑法志》云："当劓者，笞三百；当斩左止者，笞五百。"又云："景帝元年，乃下诏曰：'加笞与重罪无异，幸而不死，不可为人。'"

罪。[1]这诚如萧望之所云："今欲令民量粟以赎罪，如此则富者得生，贫者独死，是贫富异刑而法不一也。"

这样看来，西汉时代的刑法不仅贵贱异科，而且贫富异刑，它完全是对农民执行超经济之强制的一种工具。

西汉政府对农民，一面威之以武装压迫，一面又绳之以严刑峻法。于是校尉则白昼行劫，狱吏则黑夜杀人，郡守县令则苛征急敛，商人地主则巧取豪夺，而农民则饥不敢啼、寒不敢号、冤不敢诉、死不敢哭，否则投入黑狱，弃诸市曹。

现在我们看西汉政府对商人地主是怎样一副和蔼可亲的面容。如前所述，汉高祖即位之初，就颁布了一道命令，令那些因秦末农民"叛乱"而失掉土地所有权之商人地主，仍得占有其原来的土地。如有爵位者，并得恢复其爵位。这对于商人地主可以说是既富之而又贵之也。

同时，西汉自高祖下逮文景之世，代有减轻或蠲免田赋之令。高祖时"轻田租，什五而税一"。文帝十二年"赐农民今年租税之半"。明年，"除田之租税"。至景帝元年，又"令田半租"，即三十而税一。其间共有一十二年，没有收过一文田租，这是中国

---

[1] 《汉书·惠帝纪》云：惠帝元年，"民有罪，得买爵三十级，以免死罪"。应劭注曰："一级直钱二千，凡为六万。"《文献通考》卷一百七十一《刑考十》云："孝文时，纳晁错之说，募民入粟塞下，得以除罪。"《汉书·食货志》云：孝景时，"上郡以西旱，复修卖爵令……得输粟于县官以除罪。"同书《武帝纪》云：武帝天汉四年，"令死罪入赎钱五十万，减死一等"。

史上仅有的事实，也是中国历史家称颂不绝的文景之德政。但是可惜这种德政并不能普及于万民，而只能及于有田有土的豪强。因为政府减免的是地主应缴的土地税，于无田无土的农民，不但毫无利益，而且反有损害。一方面，农民不能因此减免对地主应缴的地租，并且还要增加许多因为填补减免田赋的损失而来之苛捐杂税的负担；另一方面，地主以减免田赋之所得，益发肆行土地的兼并，更加速了农民离开土地的过程。所以荀悦慨乎其言之曰："官家之惠，优于三代；豪强之暴，酷于亡秦。"

西汉政府一面执行左右开弓的政策，另一面对于商人地主之惠，又优于三代，这个政权的性质已经非常明白了。但是还有一个问题，即西汉初曾有抑压商人的事实。如"高祖令贾人不得衣丝乘车，重税租以困辱之"。孝惠吕后之世，虽弛商贾之律，"然市井子孙亦不得宦为吏"。这种事实看起来似乎与商人地主的政权是一种矛盾，但是假若我们从具体的史实考察就会明白，这种矛盾乃是商人地主集团内部的矛盾，它并不影响西汉政权的性质。

在这里我们必须指出，西汉初的地主有两个来历不同的集团：一个是由先秦发展而来的旧的商人地主集团，另一个是由秦末农民"叛乱"中生长起来的新的贵族地主集团。这两个地主集团在对付农民这一点上，他们的利害是一致的，但在其相互之间却仍然有着利害的冲突。

具体的史实指示出来，旧的商人地主，他们自从在新政府的恩诏之下获得了土地所有权的恢复与政治地位的承认以后，不久遂发挥其历史的蓄积，展开大规模的商业活动，又以商业的奇赢转而从事于土地之收夺。晁错曾述此种情形曰："商贾大者积贮倍息，小者坐列贩卖，操其奇赢，日游都市，乘上之急，所卖必倍。故其男不耕耘，女不蚕织，衣必文采，食必粱肉。……因其富厚，交通王侯，力过吏势、以利相倾；千里游敖，冠盖相望，乘坚策肥，履丝曳缟。此商人所以兼并农人，农人所以流亡者也。"司马迁也说："富商大贾，或蹛财役贫，转毂百数，废居居邑，封君皆低首仰给。"这样看来，当时旧的商人地主，不仅"积贮倍息"，兼并农人，而且"乘上之急"，剥削政府；不仅"操其奇赢""蹛财役贫"，而且"因其富厚，交通王侯"，甚至使"封君皆低首仰给"。这就表明了他们已经掌握着当时社会经济的命脉，并进而支配着当时的政治。

另一方面，西汉的贵族地主大半出身于流氓，他们本来是一群穷光蛋，虽然因为抓着了政治权力，得以拿着刀剑进行超经济的强制收夺，而变为一个新的地主集团，但总是一群暴发户。所以当旧的商人地主"乘坚策肥"的时候，贵族地主则"自天子不能具醇驷，而将相或乘牛车"。当旧的商人地主"墙屋被文绣"的时候，而皇帝"身衣皂绨"。当旧的商人地主的"嬖妾"用丝织物缘其履的时候，而"天子之后以缘其领"。从这里，我们就可以看出西汉初期新、旧两个地主集团之力量的对比。

但是矛盾的发生，还不是因为贵族地主在商人地主之前相形见绌，而是因为在利害上发生了冲突。这就是因为旧的商人地主兼并农民，使农民疾速地失掉土地，成群地走进都市，变成末技游食之民，妨害了农村经济的发展，因而影响到贵族地主的租税收入，从而使社会秩序的安宁发生了问题。为了稳定并巩固新的统治，贵族地主站在统治者的立场上，就必须以安定社会秩序、培养租税泉源为当务之急，而这又非使末技游食之民回到农村，以繁荣农村经济不可，因此就必须制止旧的商人地主之兼并农民，这就是西汉政府抑压商人的原因。

关于这一点，贾谊曾有言曰："汉之为汉，几四十年矣，公私之积，犹可哀痛……即不幸有方二三千里之旱，国胡以相恤？卒然边境有急，数十百万之众，国胡以馈之？兵旱相乘，天下大屈，有勇力者聚徒而衡击……远方之能疑者，并举而争起矣。乃骇而图之，岂将有及乎？"所以，他主张"殴民而归之农，皆著于本，使天下各食其力，末技游食之民转而缘南亩，则蓄积足而人乐其所矣"。

晁错也曾说过："今海内为一，土地人民之众不避汤、禹，加以亡天灾数年之水旱，而蓄积未及者，何也？地有遗利，民有余力，生谷之土未尽垦，山泽之利未尽出也，游食之民未尽归农也。民贫则奸邪生。贫生于不足，不足生于不农，不农则不地著，不地著则离乡轻家，民如鸟兽。虽有高城深池，严法重刑，犹不能禁也。夫寒之于衣，不待轻暖；饥之于食，不待甘旨；饥寒至身，不顾廉耻。人情一日不再食则饥，终岁不制衣则寒。夫腹饥不得食，肤寒不得衣，虽慈母不能保其子，君安能以有其民哉！"所以他的结论也是"方今之务，莫若使民务农而已矣"。

由此可知当时商人地主之兼并农人这件事，已经卷起了一个很大的社会危机。为了挽救这种危机，所以才有抑商之令。但是这种抑商的政策，并没有收到什么实效。诚如晁错所云："今法律贱商人，商人已富贵矣；尊农夫，农夫已贫贱矣。故俗之所贵，主之所贱也；吏之所卑，法之所尊也。上下相反，好恶乖迕，而欲国富法立，不可得也。"

旧的商人地主与新的贵族地主两个集团，直至汉武帝时才渐渐融混。这一方面是由于贵族地主之商人化，另一方面是由于商人地主之贵族化。关于贵族地主之商人化，已如前述，现在我们单说商人地主的贵族化。

据史籍所载，西汉至武帝时，从董仲舒之议，设立太学。太学主要的目的，在教育贵族地主的子弟，但商人地主的子弟亦得受业太学为弟子。武帝时有博士弟子若干，不得而详，但昭帝时已满百人，宣帝末，增至千人，成帝末，竟达三千人。除太学外，又有郡国学，这是专为商人地主的子弟而设的，但郡国贵族官僚的子弟亦得为学官弟子。即因有太学与郡国学之设，于是大多数商人地主的子弟，都得到了接受政治教育的机会，成为官僚的候补人。这些官僚候补人，不久便从各种的门道，走上了政治舞台。

据史载，西汉至武帝时，政府选官，除了封建关系的缘引，尚有选举、征用、荐举、考试各种方式，乃至上书言事，亦能得官。这当然是向商人地主大开政治之门。

当时由选举进身者，有博士弟子[1]、明经[2]、明法[3]及学童[4]四科。由廉能征用者，有征起[5]、孝廉[6]及贤良方正[7]三科。由郡国荐

---

[1] 《汉书·儒林传》云："（博士弟子）能通一艺以上，补文学掌故缺；其高第可以为郎中。……以治礼掌故，以文学礼义为官，迁留滞。请选择其秩比二百石以上及吏百石通一艺以上，补左右内史、大行卒史，比百石以下补郡太守卒史，皆各二人，边郡一人。先用诵多者，不足，择掌故以补中二千石属。文学掌故补郡属备员。"又云："平帝时，王莽秉政，增元士之子得受业如弟子，勿以为员。岁课甲科四十人为郎中，乙科二十人为太子舍人，丙科四十人补文学掌故云。"

[2] 《汉书·龚遂传》："（龚遂）以明经为官。"《汉书·召信臣传》："（召信臣）以明经甲科为郎。"又《文献通考》卷二十八《选举考一》云："（孝平元始五年）召天下通知逸经、古记、天文、历算、钟律、小学、史篇、方术、本草及以五经、论语、孝经、尔雅教授者，在所为驾一封轺传，遣诣京师，至者数千人。"

[3] 《汉书·郑崇传》："（郑崇）父宾，明法令，为御史。"《汉书·薛宣传》："（薛宣）以明习文法，诏补御史中丞。"

[4] 《汉书·艺文志》云："汉兴，萧何草律……曰：'太史试学童，能讽书九千字以上，乃得为史。又以六体试之，课最者以为尚书御史史书令史。'"

[5] 《文献通考》卷三十六《选举考九》云："汉制凡郡国之官，非傅、相，其他既自署置。又调僚属及部人之贤者，举为秀才、廉吏，而贡于王庭。多拜为郎，居三署，无常员，或至千人，属光禄勋。故卿、校、牧、守居闲待诏，或郡国贡送，公车征起悉在焉。光禄勋复于三署中，铨第郎吏，岁举秀才、廉吏，出为他官，以补阙员。"

[6] 《汉书·武帝纪》云：元光元年冬，"初令郡国举孝廉各一人"。《汉书·董仲舒传》："（董仲舒曰）臣愚以为使诸列侯、郡守、二千石，各择其吏民之贤者，岁贡各二人……州郡举茂材孝廉，皆自仲舒发之。"

[7] 《汉书·昭帝纪》：始元元年，"遣故廷尉……持节行郡国，举贤良。"《汉书·宣帝纪》：本始四年，"令三辅、太常、内郡国，举贤良方正各一人"。

举者有茂材异等[1]、孝弟力田[2]两科。由考试进身者，有对策[3]、射策[4]两科。以上各种考选举荐，皆系经常举行，大批录用。至于上书言事者，武帝时往往多至数千人[5]，如终军[6]、枚皋[7]，皆以上书而得官。

此外武帝时又开卖武功爵之例，人民缴获财物，即可买爵、赎罪，"入奴婢"乃至"入羊"者，皆可为郎。据《食货志》云："武功爵（十一级），级十七万，凡直三十余万金。诸买武功爵官首者试补吏，先除；千夫如五大夫；其有罪又减二等；爵得至乐卿。"又："除故盐铁家富者为吏，吏益多贾人矣。"

由于政府之考选、举荐与卖官鬻爵，于是商人地主中之优秀分

---

[1] 《汉书·武帝纪》："元封五年……其令州郡察吏民有茂材异等，可为将相及使绝国者。"又宣帝及元帝之世，均有举茂材异等之事。

[2] 惠帝四年、高后元年、文帝十二年及宣帝地节三年均有举孝弟力田之事。

[3] 《文献通考》卷三十三《选举考六》云："武帝即位，举贤良文学之士，前后百数。而董仲舒以贤良对策……天子览其对而异焉，乃复策之，对毕复策之，遂以为江都相。"《汉书·杜钦传》云："上尽召直言之士，诣白虎殿对策。"

[4] 《汉书·儒林传》赞云："武帝立五经博士，开弟子员，设科射策，劝以官禄。"

[5] 《汉书·东方朔传》："武帝初即位，征天下举方正贤良文学材力之士，待以不次之位。四方士多上书言得失，自衒鬻者以千数，其不足采者，辄报闻罢。"《史记·滑稽列传·东方朔传》："朔初入长安，至公车，上书凡用三千奏牍，公车令两人共持举其书，仅然能胜之。人主从上方读之，止，辄乙其处，读之二月乃尽，诏拜以为郎。"

[6] 《汉书·终军传》云："（终军）至长安上书言事，武帝异其文，拜军为谒者给事中。"

[7] 《汉书·枚皋传》云："（枚皋）上书北阙，自陈枚乘之子。上得之大喜，召入见待诏。"

子及豪富者，遂弹冠相庆，或致身庙堂，或分布州郡。他们现在不但可以凭借政治力量，仍旧继续其商业活动与土地收夺的事业，而且还可以参加租税的分配与一切超经济强制的榨取。另一方面，由于贵族和官僚地主之商人化，因而这些贵族官僚，他们不仅掌握着全国的租税及一切超经济强制的榨取之所得，而且同时也参加商业资本的利润之分配。即因如此，汉初的两个地主集团到武帝时，便融化混合为一个新的商人地主集团了。

虽然如此，但这并不能解决由"商人兼并农人"所引致之社会的危机；反之，两个地主集团之利害的统一与步趋的一致，更加剧了这种危机。当时商人地主以更雄厚的商业资本扫荡贫困的农村，以致动摇了西汉政权的基础，所以王莽便站在贵族地主的立场上，施行经济的改良政策，以打击商人地主的横行，企图以此抢救西汉的政权，而这就是王莽变法的历史内容。王莽的变法，终于因为商人地主之反抗，没有能顺利地进行，所以结果地主集团内部的冲突转化为与农民之间的冲突，爆发为新市、平林、赤眉、铜马等农民"叛乱"，西汉的政权也就在农民"叛乱"中被颠覆了。

由此看来，商人地主与贵族地主的冲突，几乎贯通西汉王朝的全时代。但是不论他们之间怎样的不协调，在对付农民这一点上则是一致的。同时，西汉时虽然有商人地主与贵族地主的对立，但实际上贵族地主的本身也是商人地主。所以我说，西汉的政权，是商人地主的政权。

西汉的奴婢与奴隶制度
/ 翦 伯 赞 /

在西汉的历史中,曾有若干关于奴婢的记载,有些历史家遂杯弓蛇影,断然宣告西汉的社会仍然是奴隶制度社会,西汉的政权仍然是奴隶所有者的政权。这当然是历史家的神经过敏。

西汉之有奴婢的存在,确系事实,但我们不能一看见有奴婢的存在,便说这是奴隶制度。因为奴隶而称曰制度,是指他当作一种独特的社会构成而言。西汉虽仍有奴婢存在,但当时的奴婢只是中国古典奴隶制之历史的残滓。所以虽有奴婢,并不能称为奴隶制度。

首先我们从奴隶的来源上来说。当作一种奴隶制度,则奴隶的主要来源是被俘虏或被征服的异族人。但在西汉时代,这个来源并不重要。西汉的对外战争,最主要的对象是匈奴,但我们从《汉书·匈奴传》中所看到的,汉兵对匈奴多半是杀戮的记载。虽然也有"俘虏"若干的记载,但对于这些被俘虏的匈奴人,不但不降为奴隶,而且还给以良好的待遇。例如在武帝时,有一次匈奴浑邪王率其族类数万人来降,西汉政府不但不以为奴隶,而且派了三万辆车子去迎接他们,又加以厚赏,并由政府供给他们的衣食。政府经费不足,甚至天子为之节食,把自己的拖车的马也让出来,去迎接匈奴降人,并把自己御府的私藏也用为安抚匈奴降人的经费。[1]而这在奴隶社会时代,是绝没有的事情。不仅如此,浑邪王至,中国商人因为与匈奴降人贸易不公平而被杀者五百余人。[2]为了此事,当时汲黯曾向武帝说:"夫匈奴攻当路塞,绝和亲。中国举兵诛之,死伤不可胜计,而费以巨万百数。臣愚以为陛下得胡人,皆以为奴婢,赐从军死者家,卤获,因与之,以谢天下,塞百姓之心。今纵不能……又以微文杀无知者五百余人,臣窃为陛下弗取也。"[3]汲黯的这番话,正是西汉不以俘虏为奴隶之最好的反证。

除匈奴外,对于被征服的西域诸国,亦无掠取俘虏为奴隶之事。唯《汉书·地理志》曾有"巴、蜀、广汉……南贾滇、僰僮"的记载。师古注云:"言滇、僰之地,多出僮隶也。"但我以为"南贾滇、僰僮"的解释,不是买卖滇僮、僰僮,而是与滇僮、僰

---

[1] 《汉书·食货志》云:"浑邪王率数万众来降,于是汉发车三万辆迎之……胡降者数万人,皆得厚赏,衣食仰给县官。县官不给,天子乃损膳,解乘舆驷,出御府禁臧以赡之。"

[2] 《汉书·汲黯传》云:"后浑邪王至,贾人与市者,坐当死五百余人。"

[3] 《汉书·汲黯传》。

僅互为买卖,正如"贾椎髻之民"是同样的意义,并非取滇、僰之人为奴隶。

又《匈奴传》云:"西羌保塞,与汉人交通。吏民贪利,侵盗其畜产、妻子。"于是论者又疑西汉曾以羌人为奴隶。实则这里所谓侵盗其妻子,乃指对羌人之人格的侮辱,亦非谓使其整族为奴隶。

又《汉书·扬雄传》有云:"命右扶风发民入南山,西自褒斜,东至弘农,南驱汉中,张罗罔罝罘,捕熊罴豪猪虎豹狖玃狐菟麋鹿……以罔为周阹,纵禽兽其中,令胡人手搏之,自取其获,上亲临观焉。"于是又或以为这正是罗马奴隶时代奴隶与猛兽格斗的情形。但是我以为这种手搏猛兽的胡人,和其他被征发而入南山的人民同样只是封建皇帝的猎士,与奴隶丝毫不相干。

又有人引据金日䃅的故事,谓《汉书》中曾记载:"日䃅以父不降见杀,与母阏氏、弟伦俱没入官,输黄门养马。"日䃅为胡人而没入官养马,这当然是以外族为奴隶之证。但是我以为日䃅与其母、弟之没入官,并不因为他们是外族,而是因为他的父亲不降。不降有罪,而有罪者没入官,乃是西汉一般的通律,并非对日䃅为然。因而这唯一的例证,也不能成立。

具体的史实指示出来,西汉奴婢的主要来源,只有五种。第一种是农民因贫困饥饿而自卖为奴隶。例如《汉书·食货志》云:"凡米石五千,人相食,死者过半。高祖乃令民得卖子,就食蜀汉。"由此足见当时如果没有政府的特许,卖子是不允许的。又如《高祖纪》云:"民以饥饿自卖为人奴婢者,皆免为庶人。"《汉书补注》何焯注云:"据此则不独以罪没身,始为官奴婢,今卖身券契,必云口食不周,其来远矣。"又如《食货志》云:"当具有者半贾而卖;亡者取倍称之息。于是有卖田宅、鬻子孙以偿债者矣。"由此足见西汉的奴婢原来都是有田有宅的小农,后来因为年岁饥馑,而又加之以租税的榨取、高利的盘剥,因而才变卖田宅,陷于饥饿,从而才卖儿卖女,卖子卖孙,以至自卖为奴。像这样的情形而来的奴婢,与古代由氏族成员转化而来的奴隶,其性质已截然不同。前者是跟着私有关系的成立而带来的社会阶层之历史的转化,而后者则是由封建地主过分榨取所带来的历史附产物。

第二种是农民为豪家所掠卖的。例如《汉书·栾布传》云:"布为人所略卖,为奴于燕。"又《季布传》云:"乃髡钳季布,衣褐衣,置广柳车中,并与其家僮数十人,之鲁朱家所卖之。"这不过是一二见诸史籍的例子。在当时,像栾布、季布一样被豪家所掠卖的贫苦无力的农民一定很多,但这种事实也不能证明西汉是奴隶制度,只是指明西汉时土豪势家对农民具有高度之人身的隶属,而这正是封建社会关系中应有之事。

第三种是由"赘子"转化而来。《汉书·贾谊传》云:"家贫子壮则出赘。"《严助传》亦云:"民待卖爵赘子以接衣食。"师古注:"如淳曰:'淮南俗卖子与人作奴婢,名为赘子。三年不能赎,遂为奴婢。'"由此而知西汉的赘婿,就是贫民用自己的儿子向富人抵押的"人质"。因而由赘婿转化而来的奴隶,其本质也是破产的农民。

第四种是罪犯。罪犯之降为奴隶由来已久,《周礼》卷三十四《秋官司寇》疏有云:"中国之隶言罪隶。古者身有大罪,身既从戮,男女缘坐,男子入于罪隶,女子入于舂稾。"这种习惯,西汉仍然沿用。例如吴楚七国叛变者的家属,都没为奴隶。又如《汉书·刑法志》谓缇萦为其父赎罪,上书皇帝:"愿没入为官婢,以赎父刑罪。"又如《王莽传》云:"关东大饥……民犯铸钱,伍人相坐,没入为官奴婢……以十万数。"又云:"敢盗铸钱及偏行布货,伍人知不发举,皆没入为官奴婢。"由此而知,因罪而没为奴婢者,乃系对于缘坐者所设之刑。换言之,即对于犯罪者的亲属所设之刑。而这在西汉时,就是所谓"收孥相坐"之法。按此种收孥相坐之法,大半用于重大的罪犯。其因此而没入为奴婢者,不仅有平民,而且有贵族官僚之家属,故更不能与奴隶制时代的奴隶视同一律。因为在奴隶制时代,绝没有贵族的家属以任何原因而降为奴隶的事实。

第五种是奴产子,即奴之子复为奴。例如卫青的母亲是奴婢,卫青就是一个奴产子。因为他是奴产子,所以他的异母兄弟都贱视他,"奴畜之,不以为兄弟数"。卫青自己也说:"人奴之生,得无笞骂即足矣。"但是"卫青奋于奴仆",后来竟官至大将军,并且居然娶了阳信长公主,做了汉武帝的姐夫。又如卫青之姊,一名子夫,一名少儿,和卫青同母,都是奴产子。但子夫在后来却做了汉武帝的皇后,而少儿也做了霍去病的父亲霍中孺的夫人。又如赵飞燕本是阳阿公主家的歌婢,但后来却做了成帝的皇后。像这样以人奴子一跃而为头等贵族之事，在奴隶制度时代也是没有的。

其次，从奴隶的用途上说，当作一种奴隶制度，则奴隶在社会生产领域中占有最重要的地位。换言之，即在奴隶制的社会中，奴隶是社会生产的主要担当者。但在西汉时，无论官私奴婢，在社会生产领域中都不占重要地位。他们主要的职务，是服务于贵族官僚和地主的家庭。因而这样的奴婢已经不是当作一种制度看的奴隶，而只是中国封建社会中一种历史的奢侈品而已。

西汉的奴婢有官、私之别。官奴婢，多系因罪犯而没入官者，亦有政府向人民征募而来者[1]；私奴婢，则大半系贫民自卖为奴者，或贫民之被豪家所略卖者。但官奴婢亦往往因政府之赏赐贵族官僚而变为私奴婢[2]，私奴婢亦往往因人民之献纳于政府而为官奴婢。唯不论官奴婢与私奴婢，大抵皆未用于主要的生产事业。

---

[1] 关于政府征募奴隶的记载，《汉书》中常见。例如《食货志》云："府库并虚，乃募民能入奴婢，得以终身复。"终身复者，即免其终身之徭役也。同《志》又云："匈奴侵寇甚，莽大募天下囚徒人奴，名曰猪突豨勇。"猪突豨勇者，即奴兵之意，言奴之卑贱如猪也。又《晁错传》云："不足，募以丁奴婢赎罪，及输奴婢欲以拜爵者。"此种征募奴婢之权，只属于天子，"令列侯、太夫人、夫人、诸侯王子及吏二千石无得擅征捕。"（《文帝纪》）但据《王莽传》云："今则不然，各为权势，恐猲良民，妄封人颈，得钱者去。"由此可以想见当时豪家之强横。

[2] 《汉书·陆贾传》云："乃以奴婢百人……遗贾为食饮费。"又《郊祀志》云："赐列侯甲第，童千人。"此外如《外戚传》谓武帝曾赐其大姊奴婢三百人，《霍光传》谓宣帝曾赐霍光奴婢一百七十人，《史丹传》谓史丹从皇家所得的赏品中有"僮奴以百数"。由此因知当时的官奴婢多由这样的赏赐而转化为私奴婢。

西汉的官奴婢，其用途大半为宫廷侍役，及分发各苑囿豢养狗马禽兽。《汉书·景帝纪》注："如淳曰：'《汉仪注》：太仆牧师诸苑三十六所，分布北边、西边，以郎为苑监，官奴婢三万人，养马三十万匹。'"师古曰："养鸟兽者通名为苑，故谓牧马处为苑。"又《文献通考》卷十一《户口考》二云："其没入奴婢，分诸苑养狗马禽兽，及与诸官，官益杂置多。徙奴婢众。而下河漕。"是则当时官奴婢亦用以转运漕粮。此外，亦有于紧急时编为军队者，如王莽时之猪突豨勇。一般地说来，当时的官奴婢并没有参加社会主要的生产，反而成为国家的重负。《贡禹传》记贡禹之言曰："诸官奴婢十余万人，戏游亡事，税良民以给之。"这句话已经很明白地指出当时的官奴婢是不生产的奴婢。

至于私奴婢，则大半服役于贵族官僚豪家大贾的家庭，故私奴婢又称曰家奴或家僮。当时贵族官僚豪家大贾，不仅收夺了农民的土地家宅，并且也收夺了他们的身体。据《汉书·食货志》所记，哀帝时，曾有限制私人使用奴婢的数目之拟议云："诸侯王奴婢二百人，列侯、公主百人，关内侯、吏民三十人。期尽三年，犯者没入官。"是则哀帝时，私人使用奴婢之数，实不止此。这些私奴婢，也不从事于社会主要的生产，仅为家庭的贱役。据王褒《僮约》所云：当时私奴婢的服役，不过"晨起洒扫，食了洗涤；居当穿臼缚帚，裁盂凿斗""舍中有客，提壶行酤；汲水作哺，涤杯整案；园中拔蒜，斫苏切脯"以及"关门塞窦，喂猪纵犬"而已。

论者又或引据刀间以桀黠奴"逐渔盐商贾之利"及张安世的夫

人以家僮七百从事纺织的史实，遂武断西汉时一般的奴婢皆是生产的奴隶。但在西汉官、私工业中，都没有看到引用奴隶的史实。因此，我们以为即使西汉的奴婢有从事生产事业者，也是极少数，而主要的生产担当者，还是自由的农民与手工业者。即因西汉的奴婢不是生产的奴隶，因而西汉的社会不是奴隶社会。

再次，从奴隶的数目上说。当作一种奴隶制度，则奴隶是社会构成中一个最主要的阶层。在这种社会构成中，除了极少数的奴隶所有者与自由民，其余都是奴隶。例如在古代雅典，当奴隶制度全盛时代，其所有的自由民连女子及儿童在内，总数为九万人，男女奴隶为三十六万五千人，还有保护民——外国人及被解放的奴隶——四万五千人。故一个成年的男自由民，至少有十八个奴隶与两个以上的保护民。自然，像古代雅典的奴隶制，是人类史上最典型的奴隶制，因而我们也不应以雅典的奴隶制为标准，来衡量一切其他国家的奴隶制。唯既称奴隶制，则当作社会生产之主要的担当者的奴隶，绝不应少于依靠奴隶劳动为生的奴隶所有者和自由民，这是非常明白的。

现在我们看西汉奴婢的数目有多少。贡禹说，西汉的官奴婢十余万人，这是史籍上最多的数字记载。至于私奴婢的数目，史无明记，但《汉书》中常有关于私奴婢之零碎记载，如陆贾有奴婢百人，张良有家僮三百人，张安世有家僮七百人，卓王孙有僮客千人，程郑亦有奴婢八百人。然而这在当时人民的眼中，已经是很大的数目，故书之史册，传为盛事。至若王氏五侯的僮奴以千百数，王商的私奴以千数，则已大遭社会的诟骂，视为不应有的现象。像以上所指的诸人，都是西汉时代的达官显宦、豪富和贵族。等而下之，则所占有的奴婢当然不能有如此庞大的数目。达官显宦豪富贵族的人数，在整个人口总数的比例上，当然是最小的，因而即使这最少的人拥有成百成千的奴婢，奴婢的总数也不会很多的。唯论者或有引据，汉武帝有一次派遣官吏到郡国查访富人逃避缗钱（财产税）之时，一次没收的奴婢即"以千万数"，因而以为西汉的奴婢有几千万。但是我以为所谓"以千万数"与"以千百数"是同样的意义。因之，武帝时，从全国没收的奴婢不是几千万，而是几千几万。从这里，我们就可以看出，当时私奴婢的总数，也不过和官奴婢相当，至多不过十余万人。官私奴婢合计，不过三十万人。即使再增加一倍，也不过六十万人。而西汉的人口总数则为五千九百余万人，故当时奴婢占人口总数不过百分之一。换言之，在西汉时，平均每百人才有一个奴隶。照奴隶社会的规矩，这一百个人都是不劳动的贵族和自由民，他们都是依靠奴隶劳动为生活。但是照《汉书·食货志》所载推算，西汉时的生产力，每人每年只能产生粮食三四十石，每人每年要吃十八石。如此看来，则一个人除了养活自己，不能再养活另外一个人。如果要一个奴隶养活一百个主人，即使让这个奴隶日夜开工，粉身碎骨，也是枉然。从这一点上，又可以看出西汉虽有奴婢，但不是奴隶制度。

最后，从奴隶的身份上说。当作一种奴隶制度，奴隶和牛马一样，只是一种会说话的畜生，他们完全没有人格，丝毫不受法律的保障。诚然，《王莽传》曾有西汉"置奴婢之市，与牛马同兰"之语，这看起来西汉时奴婢的身份也是和牛马一样，但是实际上，西汉的奴婢在法律上是相当有保障的，这从当时贵族官僚如果私杀奴婢便要受到法律的处分可以看得出来。例如缪王元遗令以奴婢从死，被迫自杀者十六人，而当时大鸿胪王禹即奏其"贼杀奴婢"之罪，因此而予以"不宜立嗣"之处分。又如武帝时邵侯顺，因杀人及奴十六人，亦因此而丧失了侯爵。宣帝时丞相魏相，其家有婢自绞死，而京兆尹赵广汉便率吏到丞相府查勘，将丞相夫人叫去，令其跪于庭下，问其杀婢之罪。又如王莽之子王获，因为杀了一个奴婢，王莽遂令王获自杀抵罪。这些具体的史实，都足以证明当时奴婢的生命还是有着相当的法律保障的。而这在奴隶制度时代，是绝对没有的。

作为一种奴隶制度，奴隶要脱去奴籍，几乎是不可能的。但在西汉时，奴隶却可以由"特赦"、由"自赎"而获得解放。前者如高祖五年诏，以饥饿自卖为奴婢者得免为庶人。文帝四年赦天下，免官奴婢为庶人。武帝建元元年，赦因吴楚七国叛变而缘坐的奴婢复为庶人。哀帝即位，诏官奴婢五十以上者，免为庶人。后者则大半进行于私人之间，如成帝鸿嘉三年，蒲侯苏昌之后夷吾，曾有一婢自赎为民，后夷吾复以为婢，因此而褫夺了侯爵。西汉的奴婢之所以能由特赦和自赎而获得身体的自由，这主要是因为他们大多由罪犯与自卖而来。由罪犯而来者赦而免，由自卖而来者赎而还。但是如果是奴隶所有者的政府，绝不会以命令免奴隶为自由民。同样，如果是奴隶制度之下的奴隶，也绝不会有私蓄，用以赎回自己的身体。

综上所述，我们可以断言，西汉虽有奴婢，但并不是奴隶制度。西汉的奴婢不是从氏族社会群体而来的奴隶，而是在残酷的封建压榨之下的破产的农民，这些农民被剥夺了一切，最后把自己的身体也献给了地主，是为西汉的奴婢。

崇儒术黜百家与文化思想的再审判

/ 翦伯赞 /

适应于两汉时代社会经济和政治的发展，作为这一时代之时代精神的意识诸形态，如文化思想、宗教艺术等，正犹影之随形，也都跟着向前发展了。

说到这一时代的文化思想，探本索源，不由得我们不回想到秦代统治者焚书坑儒的惨剧。因为我们知道，汉代所接受的文化遗产，只是一堆古典文化的黑灰，要从这一堆黑灰中抓出中国的文化，那是非常艰难的。

屠灭中国古典文化的主犯，当然是秦始皇和他的丞相李斯，但平心而论，汉代的太祖高皇帝，也不能不负点责任。我们记得，秦代的统治者并没有等到焚尽天下之书，坑尽天下之儒，自己就灭亡了。当他们灭亡以后，珍藏在皇家图书馆的古典文献并没有全部焚毁，还有许多博士和诸生，也并没有坑尽。这仅有的一库中国古典文献和那些残余的知识分子，就是秦代的文化凶手留给后来中国人类唯一的文化遗产。怎样保护这种珍贵的文化遗产，这是"先入关者"的责任。可惜汉代的太祖高皇帝，是一位毫无文化教养的小土豪。他一到咸阳，只知搜集阿房宫中的珍宝、美人和田赋、户口的册籍，对于这唯一的一座古典文化的宝库竟视若无睹，以致后来项羽入关，再来一把大火，而这一库仅存的古典文献也就化为灰烬了。假使当时这位先入关者也把这库古典文献和珍宝、美人、田赋、户口的册籍同时搬到霸上军中，先秦的文化也许可借此保存。

自然，这也是我们多余的惋惜，我们不能以文化上之存亡继绝的事业，希冀于一位"以儒冠为溺器"的"长者"。实际上，这位"长者"之痛恨文化，并不减于他的前辈秦始皇和李斯。据史载，"偶语诗书者弃市"这一条知识分子惩治法，在汉高祖的时代还是继续有效的。虽然如此，我们还是应该原谅这个"长者"。因为无论在客观上还是主观上，他都应该仇恨古典文化。从客观上说，他亲眼看见过旧贵族的叱咤风云，亲身尝试过旧贵族的酸甜苦辣，他总觉得古典文化还是旧贵族的一种反动的精神武器，这种精神武器，对于汉代商人地主的政权还是一种危险的东西。从主观上说，他根本不知道何谓文化，他以为他的天下，是从马上得来，他相信只要有了刀剑，万事都可解决，还要什么文化。特别是叔孙通一流的卑劣知识分子，替他制礼作乐，使他更感到所谓文化者，不过是告诉人们顿首稽首呼万岁而已，因而使他愈看不起文化。

其实中国的旧贵族这一阶层，在乌江之役已经最终地从中国历史上委蜕了，剩下来的古典文化，已经成了无主的游魂。而且古典文化，也不都是属于旧贵族的，为了害怕旧贵族而摧毁全部的古典文化，这未免有些神经错乱。同时，像叔孙通那一流的三朝元老，专以起朝仪为职业的博士也不能代表当时的知识分子，因为当时的知识分子并不在新皇帝的脚下，而是隐逸在山林之中。他们不知道起朝仪，只知道从秦火灰中寻求断简残编，致力于古典文献之辑佚的工作。因而把叔孙通一流的博士当作知识分子，把朝仪当作文化，这也未免有些滑稽。

挟书之律的废除，是在惠帝四年。但是自秦始皇三十四年挟书律的宣布，至于是年，其间有二十二年的时间（前213—前191），在这个时期中，中国的人民读书是犯死罪的。当时中国知识分子所遭受的抑压侮辱和屠杀，在人类史上是很难找到先例的。

惠帝时，虽除挟书之禁，但是历文景之世，西汉的统治者并不提倡文化，挟书之禁的流毒余烈，至武帝之初尚未消灭。当时，董仲舒对武帝的策问有曰："秦继其后，独不能改，又益甚之，重禁文学，不得挟书，弃捐礼谊而恶闻之，其心欲尽灭先王之道，而颛为自恣苟简之治，故立为天子十四岁而国破亡矣。自古以来，未尝有以乱济乱，大败天下之民如秦者也。其遗毒余烈，至今未灭，使习俗薄恶，人民嚣顽，抵冒殊扞，孰烂如此之甚者也。孔子曰：'腐朽之木不可雕也，粪土之墙不可圬也。'今汉继秦之后，如朽木粪墙矣,虽欲善治之,亡可奈何。"又曰:"陛下亲耕籍田以为农先,夙寤晨兴,忧劳万民,思惟往古,而务以求贤,此亦尧舜之用心也,然而未云获者,士素不厉也。夫不素养士而欲求贤,譬犹不琢玉而求文采也。"又曰:"今以一郡一国之众,对亡应书者,是王道往往而绝也。"由此而知,自汉兴至武帝初六十余年间,当时的政府对于文化,还是如此的冷淡与漠视。

"野火烧不尽,春风吹又生。"文化正是这样的东西。当时秦代的统治者以为经过他们的文化大屠灭以后,天下后世将永无文化。曾几何时,一旦陈涉起义,而孔鲋出现为陈王的博士。及至楚汉之际,丰衣博带而道儒墨者,遍天下皆是也。当汉高祖举兵围鲁,而鲁国诸儒正在相与讲诵习礼,弦歌之声不绝。这些知识分子在劫后的出现,对于秦代的文化屠灭者,正是一种冷酷的讽刺呵!"春草自绿,春水自波",文化也是这样。不管汉代的统治者怎样继续地保留挟书之律,怎样地侮辱文化,蔑视文化,而文化仍然在统治者禁令的缝隙中,在一群毫无知识的商人地主的侮辱与轻蔑中,自发地再生起来。在汉初,天下除了一部《易经》和几种种树之书,没有其他的典籍。[1]但是自惠帝除挟书之律至武帝之初,这半个世纪中,学者们已不断地从秦火的灰烬中抓剔出一些没有烧完的断简,又从民间搜集一些私藏的残篇,再加以自己的记忆,渐

---

[1] 《汉书·刘歆传》云:"汉兴,去圣帝明王遐远,仲尼之道又绝,法度无所因袭。时独有一叔孙通略定礼仪,天下唯有《易》卜,未有它书。"

渐将中国的古典文献逐一地整理出来。《汉书·刘歆传》谓文帝时"天下众书往往颇出，皆诸子传说"。这里所谓天下众书，就是汉兴以来，学者编辑出来的古书之新版。

即因当时学者各依所据，各凭所记，是以同一古书，而有各种版本；同一学说，而有各种学派。即以儒家学说而言，其派别亦至为分歧。《汉书·儒林传·序》有曰："汉兴，言《易》自淄川田生；言《书》自济南伏生；言《诗》，于鲁则申培公，于齐则辕固生，燕则韩太傅；言《礼》，则鲁高堂生；言《春秋》，于齐则胡母生，于赵则董仲舒。"《隋书·经籍志》亦云："惠帝除挟书之律，儒者始以其业行于民间。犹以去圣既远，经籍散逸，简札错乱，传说纰缪，遂使《书》分为二，《诗》分为三，《论语》有齐、鲁之殊，《春秋》有数家之传。其余互有踳驳，不可胜言。"虽然如此，我们由此仍可以看出当时儒家学说已卓然复兴。

不仅儒家学说如此，其他诸子百家的学说也同时蓬勃地再生起来。《汉书·艺文志》中载有道家之书三十七家，九九三篇；法十家，二一七篇；名七家，三十六篇；墨六家，八十六篇；纵横十二家，一〇七篇；杂二十家，四〇三篇；农九家，一一四篇；小说十五家，一三八〇篇。这些诸子百家之书，虽然不一定完全都是武帝以前出现的，而且其中还有许多是后来西汉时代的学者的作品，但武帝以前，诸子百家的学说已经风靡一时，我们可以从武帝罢黜百家的事实得到证明。武帝策问董仲舒曰："今子大夫待诏百有余人，或道世务而未济，稽诸上古之不同，考之于今而难行，毋乃牵于文系而不得骋与？将所蘨异术，所闻殊方与？"从武帝的这个策问中，我们显然可以看出当时一百多位待诏之士，诸子百家的学者无所不有，所以他们对于历史的看法、政治的主张各不相同。

即因各种古典文化在新的历史基地上之再生，到武帝时，商人地主的政府又不得不再来一次文化思想的大审判了。这一次的提议者，是《春秋》专家董仲舒。他向武帝说：

"《春秋》大一统者，天地之常经，古今之通谊也。今师异道，人异论，百家殊方，指意不同，是以上亡以持一统，法制数变，下不知所守。臣愚以为诸不在六艺之科、孔子之术者，皆绝其道，勿使并进。邪辟之说灭息，然后统纪可一而法度可明，民知所从矣。"

武帝听了他这一段"至理名言"，于是卓然罢黜百家，表彰儒术。董仲舒的办法，从表面看来，似乎比李斯的办法要和平得多，因为他不用火烧，也不用活埋。但在实际上，董仲舒的办法比之李斯的办法更要刻毒。因为李斯的办法是盲目地毁灭文化，而董仲舒的办法是有意识地统制文化。换言之，董仲舒用文化反对文化，用知识分子反对知识分子。他一方面把于统治阶级有利的文化抬举到一尊的地位，另一方面又把于统治阶级不利的文化指为邪辟之说，而皆绝其道。这样就在中国文化史上，开辟了儒家学说独裁的局面，阻碍了中国文化自由发展的道路。其流毒所及，直至我们的今日，尚被其害。

自从董仲舒的建议被批准以后，汉代初叶再生出来的一切文化思想，都要站在儒家学说的法庭之前遭受审判，判定其生存或宣布其死刑。儒家哲学变成了封建制度之最高的政治原理，变成了衡量文化思想之标准的尺度。一切与这种原理相冲突的古典的学说，即使比儒家学说含有更多的真理，也要从头到尾被摧毁。从这一时代起，孔子便从诸子百家之中超升出来，变成了东方世界之罗马教皇，而儒家哲学也就变成永恒不变的真理。谁要批判儒家哲学，谁就是名教的罪人、文化的叛逆。

西汉的政权和秦代的政权一样，同样是商人地主的政权。为什么同样的商人地主，在秦代那样仇视儒家哲学，至于火其书而坑其人；一到汉代，反而把儒家哲学捧成了自己的圣经呢？非常明白，这主要是因为儒家哲学有着两面性，即特殊性与一般性。从其特殊性上看，它是哲学地辩护初期封建制之合理的存在；从其一般性上看，它又是贯通封建社会全时代而皆准的政治指导原理。即因儒家哲学有其特殊性，所以在秦代，当那些残余的旧贵族尚在企图利用它的特殊性以进行反动的复古主义时，商人地主便要打击它。即因儒家哲学有其一般性，所以到汉武帝时，当它的特殊性已经失掉了实践的基础时，商人地主便要利用它的一般性以巩固封建等级制度的堤防。由此而知，商人地主在秦代打击儒家学说，到汉代又反过来拥护儒家哲学，并不矛盾；这正是商人地主的政权从创立到巩固之历史进程在文化思想运用上之反映。

同时，在人类史上，政治的独裁与文化思想的独裁是血肉相连的。因为一个独裁的皇帝，他不仅要求统治臣民的肉体，也要求统治臣民的灵魂。所以只要独裁政治一旦出现，跟着文化思想也就被统治了。西汉至武帝时，中央集权的政治已经确立，征伐四夷的战争已经展开，当时的商人地主正需要一种"尊周室，攘夷狄"的"大一统"的理论，来辩护他们的政治方向和行动，而儒家哲学恰恰适合于这种需要，所以它就在商人地主的身上借尸还魂了。

借尸还魂的儒家哲学，和原始的儒家哲学已经大大地不同，这就是它以前为了辩护初期封建制的合理而发出来的一切说教，到现在都把它们一般化、原则化，解释为辩护一般封建制度的说教。例如儒家所谓春秋大一统，是反对五霸的割据，拥护周天子的统一，但是到现在却解释为"天地之常经，古今之通谊"了。又如儒家所拥护的封建等级制度，是要农奴和商人地主服从当时的等级支配，而到现在，则解释为封建时代的臣民都要服从等级支配了。总而言之，儒家哲学自汉代起便消失了它原始的政治实践性，而被抽象为辩护一般封建制度之原则性的教条。即因它变成了原则性的教条，所以在以前在实践意义上本来是帮助旧贵族反对商人地主的一些说教，到现在却反而被商人地主利用，而以为反对和统治自己的臣民的工具。即因儒家学说变成商人地主的政治工具，变成了支持封建社会的大经大法，所以它就从被火烧的虐待中、被砍头的禁抑中解放出来，成为商人地主的圣经，而且从此以后几千年来，都被封建统治者所尊崇，用以为统治地上的财富、人和人的思想之永恒不变的最高原则。它是封建社会内文化思想的堤防，也是人类生活行动的规范。

我们已经说明了汉代为什么崇儒,现在再说到儒家哲学在两汉时代的发展。

儒家哲学自从被雄才大略的汉武帝尊崇以后,它很快就从私家学者的书斋走进了大汉帝国的皇家大学。当时的皇家大学分《诗》《书》《易》《礼》《春秋》五系。除儒家学说以外,没有其他科目。从这一时代起,儒家学说才从一般学说中超升出来而被尊为"经"。但当时儒家典籍中之尊称为"经"的,也只有《诗》《书》《易》《礼》《春秋》五种,当时统称之曰五经。至于后来列入十三经中之《论语》《孟子》《孝经》《尔雅》,虽亦系儒家学说,但汉代尚未称之为经。

如前所述,在汉初儒家哲学因为师承不同,已经分为许多学派。这些学派究竟谁是正统,谁是旁门,圣人已死,原书不存,无从判别。好在皆系昌明圣道,小异而大同,无关宏旨。所以武帝采取兼容并蓄的政策,对于当时有名的儒家学派,皆为之在大学设一讲座,谓之学官。

据史载,至宣帝时设立学官者,《易》有三家,曰施氏[1]、孟

---

[1] 《汉书·儒林传》:"施雠,字长卿,沛人也……从田王孙受《易》……田王孙为博士,复从卒业。"

氏[1]、梁丘氏[2];《书》有三家,曰欧阳氏[3]、大夏侯氏[4]、小夏侯氏[5];《诗》有三家,曰鲁申公[6]、齐辕固生[7]、燕韩婴[8];《礼》有一家,曰后氏[9];《春秋》有二家,曰公羊严氏[10]、穀梁江公[11]。这种学官在西汉后期都没有改变,直至东汉时,还是承西汉之旧。唯增设了几个学官,如于《易》则增京氏[12],于《礼》则增

---

[1] 《汉书·儒林传》:"孟喜,字长卿,东海兰陵人也……从田王孙受《易》。"

[2] 同上书云:"梁丘贺,字长翁,琅邪诸人也……从太中大夫京房受《易》。房者,淄川杨何弟子也。房出为齐郡太守,贺更事田王孙。"

[3] 同上书云:"欧阳生,字和伯,千乘人也。事伏生,授倪宽,宽又受业孔安国。"

[4] 同上书云:"夏侯胜,其先夏侯都尉,从济南张生受《尚书》,以传族子始昌。始昌传胜,(按大夏侯氏即夏侯胜,字长公,鲁东平人也。)胜又事同郡蕳卿。蕳卿者,倪宽门人。"

[5] 《汉书·儒林传》云:"胜传从兄子建,建又事欧阳高……(按小夏侯氏即夏侯建,字长卿。)由是《尚书》有大小夏侯之学。"

[6] 同上书云:"申公,鲁人也……事齐人浮丘伯受《诗》。"

[7] 同上书云:"辕固,齐人也。以治《诗》,孝景时为博士。"

[8] 同上书云:"韩婴,燕人也。孝文时为博士,景帝时至常山太傅。婴推诗人之意,而作《内外传》数万言,其语颇与齐、鲁间殊,然归一也……燕、赵间言《诗》者由韩生。"

[9] 同上书云:"后苍,字近君,东海郯人也。事夏侯始昌。始昌通《五经》,苍亦通《诗》《礼》。"

[10] 同上书云:"严彭祖,字公子,东海下邳人也。与颜安乐俱事眭孟。"又《汉书·艺文志》云:"《公羊传》十一卷。(注:公羊子,齐人。师古曰:名高。)"

[11] 同上书云:"瑕丘江公,受《穀梁春秋》及《诗》于鲁申公。"又《汉书·艺文志》:"《穀梁传》十一卷。注:(穀梁子,鲁人。师古曰:名喜。)"

[12] 同上书云:"京房(字君明,东郡顿丘人也)受《易》梁人焦延寿。"

大戴氏、小戴氏[1]，于《春秋》则罢穀梁而增公羊颜氏[2]。

儒家学说自从得到政府的倡导以后，遂获得了广大的传播。在两汉四百余年间，经学大师，如董仲舒、公孙弘、孔安国、刘向、刘歆、扬雄、贾逵、马融、许慎、郑玄、何休、服虔等接踵辈出，疏证训诂，极一时之盛。然而即以此故，以前本来是一种生动的实践的哲学，到西汉之末便变成了一种死板的烦琐哲学了。《汉书·儒林传》赞曰："自武帝立《五经》博士，开弟子员，设科射策，劝以官禄。讫于元始，百有余年，传业者寝盛，支叶蕃滋，一经说至百余万言，大师众至千余人，盖禄利之路然也。"自是学者多有白首穷经而至死不通者，然而为了官禄，也只好寻章摘句，以备射策之用。

儒家哲学之变为烦琐的哲学是必然的，因为一种学说到了只许赞扬、不许批判的时候，这种学说就会停止它的发展。我们知道儒家学说是在百家争鸣的局面中成长起来的。在当时，它受它的论敌的批判，也批判它的论敌，所以它是一种生动而活泼的战斗哲

---

[1] 《汉书·儒林传》："汉兴，鲁高堂生传《士礼》十七篇。"后"仓说《礼》数万言，号曰《后氏曲台记》，授……梁戴德延君、戴圣次君，沛庆普孝公……德号大戴……圣号小戴……由是《礼》有大戴、小戴、庆氏之学"。

[2] 同上书云："颜安乐，字公孙，鲁国薛人。"《隋书·经籍志》云："汉初，有公羊、穀梁、邹氏、夹氏，四家并行。王莽之乱，邹氏无师，夹氏亡。初齐人胡毋子都传《公羊春秋》，授东海嬴公，嬴公授东海孟卿，孟卿授鲁人眭孟，眭孟授东海严彭祖、鲁人颜安乐。故后汉《公羊》有严氏、颜氏之学。"

学——不管它为了什么政治目的而战斗。但是到汉代,它已经被捧上文化思想的王座,它已经僵化为"永恒不变的真理"。而且汉代的统治者,把它当作一种材料,筑成了一条文化思想的狭路。在狭路的起点,写着知识分子由此入口;在狭路的终点,堆积着大堆的禄米。为了获得禄米,必须通过这条唯一的狭路。因此,在当时,这条狭路中便挤满了利禄之徒。他们口里念着圣经贤传,心里想着高官厚禄。为了多领禄米,总得东扯西拉,说些"子曰诗云"。这样一来,儒家学说的"枝叶"遂日趋"繁茂",以致"一经说至百余万言"。

第三章
魏晋南北朝

交融与变化

魏晋南北朝封建制度

/ 吕 思 勉 /

《晋书·地理志》云："古者有分土而无分民。若乃大者跨州连郡，小则十有余城，以户口为差降，略封疆之远近，所谓分民自汉始也。"按古之建国，本为理民，其后此意无存，而徒以封爵为荣禄，则终必至于此而后已。此亦欲借封建为屏藩者，所以卒无所就也。斯时也，封君之朘取其民，诚不如古代之悉，然邑户粟米，尽归私室，仍有损于国计。故度支窘促之时，所以分其下者，亦不能厚。《地理志》又云："而江左诸国并三分食一，元帝渡江，太兴元年（318年），始制九分食一。"《陈书·世祖高宗后主诸子传》云："江左自西晋相承，诸王开国，并以户数相差为大小三品……武帝受命，自永定讫于祯明，惟衡阳王昌，特加殊宠，至五千户，自余大国不过二千户，小国即千户。"盖为物力所限也。

以无治民之实，故王侯多不居其国，而朝聘之典亦浸荒。《晋书·礼志》云:"魏制,藩王不得朝觐。魏明帝时,有朝者皆由特恩,不得以为常。及泰始中,有司奏:'诸侯之国,其王公已下入朝者,四方各为二番,三岁而周。周则更始。若临时有故,却在明年。明年来朝之后,更满三岁乃复朝,不得违本数。不朝之岁,各遣卿奉聘。'奏可。江左王侯不之国,其有受任居外,则同方伯刺史二千石之礼,亦无朝聘之制,故此礼遂废。"是其事也。

王侯兼膺方面之寄,似足以举屏藩之实,然西晋已事,徒成乱源;宋武欲以上流处诸子,亦开丧乱之端;齐世诸王,受祸尤酷,《南史·齐武帝诸子传》云:"明帝遣中书舍人茹法亮杀子伦,子伦时镇琅邪城,有守兵,子伦英果,明帝恐不即罪,以问典签华伯茂。伯茂曰:'公若遣兵取之,恐不即可办,若委伯茂,一小吏力耳。'既而伯茂手自执鸩逼之,左右莫敢动者。子伦正衣冠,出受诏,谓法亮曰:'积不善之家,必有余殃。昔高皇帝残灭刘氏,今日之事,理数固然。'举酒谓法亮曰:'君是身家旧人,今衔此命,当由事不获已。此酒差非劝酬之爵。'因仰之而死,时年十六,法亮及左右皆流涕。"此盖当时之人,哀杀戮之甚,为此惨楚之辞,非必实录。[1] 然时制之极弊,则可想见矣。李延寿论之曰:"齐氏诸王,并幼践方岳,故辅以上佐,简自帝心。劳旧左右,用为主帅。州国府第,先令后行。饮食游居,动应闻启。端拱守禄,遵承法度,张弛之要,莫敢厝言。行事执其权,典签掣其

---

[1] 如所记,子伦慷慨如此,何待伯茂执鸩逼之? 故知《南史》此处,亦兼采两说也。

肘。处地虽重，行止莫由。威不在身，恩未接下。仓卒一朝，事难总集，望其释位扶危，不可得矣。路温舒云：'秦有十失，其一尚存。'斯宋氏之余风，及在齐而弥弊。"然使诸王皆长大能自专，则又成梁世之祸矣。秉私心以定制，固无一而可哉！是时行事、典签，亦有因守正而为诸王所害者。据《南史·齐高帝诸子传》：长沙威王晃，为豫州刺史，"每陈政事，辄为典签所裁，晃杀之"。晃乃粗人，典签之裁之，未必不合于义。又《梁武帝诸子传》：南康简王绩，子会理，为湘州刺史。"多信左右。行事刘纳每禁之，会理心不平，证以赃货，收送建邺。纳叹曰：'我一见天子，使汝等知。'"会理令心腹于青草湖杀之，百口俱尽。此则其曲必在会理矣。抑且不必会理所为也。大抵行事尚有正人，典签则多佞幸，故其弊更甚。据《江革传》：革为"晋安王长史、寻阳太守，行江州府事。徙庐陵王长史，太守行事如故……时少王行事，多倾意于签帅，革以正直自居，不与典签赵道智坐，道智因还都启事，面陈革堕事好酒"，遂见代，可以见其一斑也。

《魏书·官氏志》云："皇始元年（396年），始封五等。至天赐元年（404年），九月，减五等之爵，始分为四：曰王、公、侯、子，除伯、男二号。皇子及异姓元功上勋者封王。[1]宗室及始蕃王皆降为公。诸公降为侯。侯、子亦以此为差。于是封王者十

---

[1]《北史·陆俟传》云："尒朱荣欲循旧事，庶姓封王，由是封子彰濮阳郡王，寻而诏罢，仍复先爵。"则异姓封王之制久废。

人，公者二十二人，侯者七十九人，子者一百三人。王封大郡，公封小郡，侯封大县，子封小县。王第一品，公第二品，侯第三品，子第四品……延兴二年（472年）五月，诏曰：'……旧制诸镇将、刺史假五等爵及有所贡献而得假爵者，皆不得世袭。'"又云："旧制，诸以勋赐官爵者子孙世袭军号，十六年（492年），改降五等，始革之，止袭爵而已。"《文献通考》云："元魏时，封爵所及者尤众。盖自道武兴于代北以来，凡部落之大人与邻境之降附者，皆封以五等之爵，令其世袭，或赐以王封。逮中世以后，则不缘有功而封者愈多。《程骏传》载：'献文崩，初迁神主于太庙，有司奏：旧事，庙中执事官例皆赐爵，今宜依旧。诏百僚详议，群臣咸以为宜依旧事。骏独以为不可，表曰：臣闻名器为帝王所贵，山河为区夏之重，是以汉祖有约，非功不侯，未闻预事于宗庙，而获赏于疆土。虽复帝王制作，弗相沿袭，然一时恩泽，岂足为长世之轨乎？'书奏，从之，可见当时封爵之滥。然高允在太武时，以平凉州勋封汶阳子，至文成时，史言其为郎二十七年不徙官，时百官无禄，允第唯草屋，衣唯缊袍，食唯盐菜，恒使诸子采樵自给，则其时虽有受封之名，而未尝与之食邑。又道武以来，有受封为建业公、丹阳侯、会稽侯、苍梧伯之类，此皆江南土地，未尝为魏所有。可见当时五等之爵，多为虚封。前史虽言魏制侯、伯四分食一，子、男五分食一[1]，然若真食五分之一，则不至如高允

---

[1] 按《魏书·高祖纪》：太和十八年（494年），十二月，诏王、公、侯、伯、子、男开国食邑者，王食半，公三分食一，侯、伯四分食一，子、男五分食一。

之贫乏；且受封丹阳、会稽等处者，虽五分之一，亦于何而取之乎？"按《魏书·地形志》言："魏自明、庄，寇难纷纠，攻伐既广，启土逾众，王公锡社，一地累封，不可备举，故总以为郡。"一地累封，食禄更于何取给？足证马氏所云之弊，至叔世而愈甚。然《张普惠传》言："普惠为尚书右丞……时诏访冤屈，普惠上疏曰：'……故尚书令臣肇，未能远稽古义，近究成旨，以初封之诏，有亲王二千户，始蕃一千户、二蕃五百户、三蕃三百户，谓是亲疏世减之法；又以开国五等，有所减之言，以为世减之趣。遂立格奏夺，称是高祖本意，仍被旨可……今诸王五等，各称其冤；七庙之孙，并讼其切。陈诉之案，盈于省曹，朝言巷议，咸云其苦。'"然则不给禄者乃汉人如高允之俦，彼其所谓亲戚、勋臣者，固未尝不朘我以生也，亦可见非我族类，其心必异矣。

周武帝保定二年（562年），四月，诏曰："比以寇难犹梗，九州未一。文武之官立功效者，虽锡以茅土，而未给租赋。诸柱国等勋德隆重，宜有优崇。各准别制，邑户听寄食他县。"则初亦未能给禄也。三年（563年），九月，初令世袭州、郡、县者改为五等爵。州封伯，郡封子，县封男。此则以封建之名，去封建之实矣。闵帝元年（557年），正月，诏封李弼为赵国公，赵贵为楚国公，独孤信为卫国公，于谨为燕国公，侯莫陈崇为梁国公，中山公护为晋国公，邑各万户。宣帝大象元年（579年），五月，以洺州襄国郡为赵国，齐州济南郡为陈国，丰州武当、安富二郡为越国，潞州上党郡为代国，荆州新野郡为滕国，邑各一万户，令赵王招、陈王纯、越王盛、代王达、滕王逌并之国。史论其事曰："太祖之定关右，日不暇给，既以人臣礼终，未遑藩屏之事。晋荡辅政，爰树其党。宗室长幼，并据势位，握兵权。虽海内谢隆平之风，而国家有磐石之固矣。高祖克翦芒刺，思弘政术。惩专朝之为患，忘维城之远图。外祟宠位，内结猜阻。自是配天之基，潜有朽壤之墟矣。宣皇嗣位，凶暴是闻，芟刈先其本枝，削黜遍于公族。虽复地惟叔父，亲则同生，文能附众，武能威敌，莫不谢卿士于当年，从侯服于下国。号为千乘，势侔匹夫。是以权臣乘其机，谋士因其隙，迁邑鼎速于俯拾，歼王侯烈于燎原。悠悠邃古，未闻斯酷。岂非摧枯振朽，易为力乎？"（《周书·文闵明武宣诸子传论》）周势之孤，诚如所论。然使武帝不能去其芒刺，周之乱，又宁俟静帝时乎？秉私心以定制，固无一而可哉？

西晋末年的"流人"及其"叛乱"

/ 翦伯赞 /

一、三国到晋初的"内乱"招来了五胡的"外患"

从西晋末起,终东晋之世,百余年间,这在中国历史上是一个边疆民族大侵入的时代,也是一个中原汉族大移动的时代。当时"司、冀、雍、凉、青、并、兖、豫、幽、平诸州皆沦没,江南所得但有扬、荆、湘、江、梁、益、交、广,其徐州则有过半,豫州唯得谯城而已",而当时的中原,则"大率中原半为夷居。刘渊,匈奴也,而居晋阳;石勒,羯也,而居上党;姚氏,羌也,而居扶风;苻氏,氐也,而居临渭;慕容,鲜卑也,而居昌黎。是以刘渊一倡,而并、雍之胡乘时四起,自长淮之北,无复晋土,而为战争之场者几二百年"。在这二百年中,黄河南北完全沦于西北诸族的蹂躏之下,汉族政权则被迫而退出中原南渡江左,由东晋与五胡十六国的相持局面，迭而为南北朝的对立形势，直至隋代的统一。

这一次西北诸族的侵入，"八王之乱"固为其直接原因，但其迁入的开始，则早在前汉之末。到三国尤其西晋初年，西北诸族则已遍布山、陕、河北。"八王之乱"实不过提供西北诸族以一种毁灭西晋王朝的客观条件而已。

据《晋书·匈奴传》："前汉末，匈奴大乱，五单于争立，而呼韩邪单于失其国，携率部落，入臣于汉，汉嘉其意，割并州北界以安之。于是匈奴五千余落入居朔方诸郡，与汉人杂处……而不输贡赋。多历年所，户口渐滋。"由此而知前汉之末已有大批匈奴部落"入臣"于汉，迁入山西的北部，与"编户"杂居。

随着大汉帝国在黄巾"叛乱"中之崩溃，中原豪族乘时四起，各据州郡，互相混战。以后虽演化而为三国鼎立，但内战并未停止，而且以更集中的形式表现为南征北伐，以至中国陷于分崩离析之封建割据局面者垂五六十年。在这一时期中，中原豪族只知致其全力于内部的火并，舻舶南下，流马北转，陕南汉北内战连年，而于西北边防则置之度外，于西北民族则任其进出。于是并州之胡则"听其部落散居六郡"（《江统传》），辽东、高句丽则徙其余种，居之荥阳。当此之时，"西北杂虏及鲜卑、匈奴、五溪蛮夷、东夷……十余辈，各帅种人部落内附"（《晋书·武帝本纪》）。而在诸族之中，其侵入中原最深而又最多者，则为匈奴，据《晋书·匈奴传》云："魏末……其（匈奴）左部都尉所统可万余落，居于太原故兹氏县，右部都尉可六千余落，居祁县；南部都尉可三千余落,居蒲子县;北部都尉可四千余落,居新兴县;中部都尉可六千余落,居大陵县。"由此而知在三国之末,匈奴已有三万余部落移入山西之南,而其他所谓"杂虏"之以"内附"而移入中国北部者亦十余辈。

西北诸族的内徙,一方面固由于当时中原的内战提供了他们以最好的客观条件;但另一方面,则当时中原的豪族为了战胜敌人而主观地招致西北民族亦为原因之一,如"魏武帝……徙武都之种于秦川,欲以弱寇强国,捍御蜀虏"(《江统传》),如"本邓艾苟欲取一时之利,不虑后患,使鲜卑数万散居人间"(《傅玄传》)。故匈奴入陕,鲜卑入关,与当时魏之防蜀实有密切关系。而氐、羌之东徙,又与蜀之抗魏有密切关系。

西晋虽然灭蜀平吴,结束了三国割据的局面,但亦因此而消耗并削弱了它的国力,以致始终再无余力从事于西北诸族之驱逐,甚至无力防止这些民族之继续南侵。西晋初年对于西北诸族的政策是"来者安之""降者纳之",于是胡骑南渐,其势遂不可遏止。

在这一时代,匈奴族之南称者,其数更多。据《晋书·匈奴传》云:"武帝践祚后,塞外匈奴大水,塞泥、黑难等二万余落归化,帝复纳之,使居河西故宜阳城下。后复与晋人杂居。由是平阳、西河、太原、新兴、上党、乐平诸郡靡不有焉。"又云:"至太康五年,复有匈奴胡太阿厚率其部落二万九千三百人归化。七年,又有匈奴胡都大博及萎莎胡等各率种类大小凡十万余口,诣雍州刺史扶风王骏降附。明年(八年),匈奴都督大豆得一育鞠等复率种落大小万一千五百口、牛二万二千头、羊十万五千口、车庐什物不可胜纪,来降,并贡其方物,帝并抚纳之。"

因而,在西晋初年,北狄之人居塞内者"凡十九种,皆有部落,不相杂错"(《晋书·匈奴传》)。此外在冯翊、北地、新平、安定一带则有诸羌,在扶风、始平、京兆一带则有诸氐(《江统传》)。而鲜卑族则早已散居河北,深入河南。由此而知在永嘉之前,西北诸族在"降附"与"归化"的名义之下,已成群地进入中国的腹部了。他们有着庞大的数目,而尤以关中为最多。《江统传》云:"关中之人百余万口,率其少多,戎狄居半。"是则当时关中已有氐、羌五十余万。又冉闵在邺,一次诛胡之数,竟达二十万,则河北诸族之数,亦当不少。如此,若合山西、河北一带的匈奴与鲜卑计之,其数至少当在百万以上。据史册所载,晋代人口总数为20,302,544人,则西北诸族已占当时人口之半数了。

八王之乱,骨肉相残,若屠犬豕,内战延长,竟达十六年之久。在内战中,各引外族以歼灭自己的兄弟。如成都王颖则引刘渊为外援,于是匈奴五部遂借"赴国难"之美名长驱入邺。东瀛公腾又引乌桓、羯以袭颖,于是东夷遂连骑入关。王浚又"召务勿尘,率胡晋合二万人,进军讨颖……克邺城",于是中原之地从此胡骑纵横,而"黔庶荼毒,自此始也"(《王浚传》)。这些民族在最初不过"劫夺财货""虏掠妇女",及至部众大集,武装渐盛,于是慨然皆有据地自雄之志。是以刘渊一倡,石勒继之,而西北诸族遂挟其强弓劲弩闯入中原,建号立国,称帝称王,卒至渡河而南,攻陷洛阳，连骑而西，占领长安，怀、愍北狩，衣冠南迁，颠覆了西晋的天下。这样看来，汉族势力之张弛，与诸族在中原之进出实有密切的关系，而"内乱"为"外患"之厉防，岂不然乎？

二、"衣冠南渡"以后大河南北的"坞屯壁聚"

西北诸族内侵与司马氏政权南迁的时候，也正是中国史上一个天灾大流行的时候。本来晋承三国割据纷乱之后，农村经济并未恢复。虽干宝有"牛马被野，余粮委亩"之颂，潘岳有"华实纷敷，桑麻条畅"之赋，然而实际上则诚如齐王攸所云："暂一水旱，便忧饥馁"，也如傅咸所云："然泰始开元以暨于今，十有五年矣，而军国未丰，百姓不赡，一岁不登，便有菜色者……"自咸宁以降，水旱虫蝗遍于郡国。饥馑疠疫，因而随之。自咸宁二年（276年）至太安元年（302年）二十六年间，荆、扬、梁、益、徐、豫、冀、兖诸州，大水十次，而雍、梁、关中一带，大旱及大蝗两次，大疫一次。二十六年中，而有十五年在天灾中，农村经济自然陷于破产，以至"斛米万钱""骨肉相卖不禁"。

"至于永嘉，丧乱弥甚。雍州以东，人多饥乏，更相鬻卖，奔迸流移，不可胜数。幽、并、司、冀、秦、雍六州大蝗，草木及牛马毛皆尽。又大疾疫，兼以饥馑。百姓又为寇贼所杀，流尸满河，白骨蔽野。刘曜之逼，朝廷议欲迁都仓垣，人多相食，饥疫总至，百官流亡者十八九。"（《晋书·食货志》）

加以西晋时代贵族外戚朋比为政，"公卿世族，豪侈相高，政教陵迟，不遵法度"（《王导传》），"空校牙门，无益宿卫，而虚立军府，动有百数，五等诸侯，复坐置官属。诸所宠给，皆生于百姓"（《傅咸传》），"及（惠帝）居大位，政出群下，纲纪大坏，货赂公行。势位之家，以贵陵物，忠贤路绝，谗邪得志，更相荐举，天下谓之互市焉"（《惠帝本纪》），在这种腐败政治之下，自然是"豪富横肆，百姓失职"，而"豪富者，其力足惮，其货足欲"，是以"大奸犯政"则"官长顾势而顿笔。下吏纵奸，惧所司之不举，则谨密网以罗微罪，使奏劾相接。状似尽公，而挠法不亮固已在其中"。

饥馑疠疫而又加之以剥削搜括，即无八王之乱，人民已经无法生活，而况继之以八王之乱，内战延长及十六年。于是"百姓流亡，中原萧条，千里无烟，饥寒流殍，相继沟壑"（《慕容皝载记》），"长安城中户不盈百，墙宇颓毁，蒿棘成林"（《愍帝本纪》），而洛阳城中，甚至"比屋不见火烟，饥人自相啖食"（《晋书·食货志》）。

及至西北诸族侵入，种族仇杀，尤为骇人。如祁"弘等所部鲜卑大掠长安，杀二万余人"（《惠帝本纪》），刘聪破洛阳，"害诸王公及百官已下三万余人，于洛水北筑为京观"（《刘聪载记》），其他所谓"枕尸二百里""枕尸千里"的记载，不胜枚举。

由此看来，当时中原人民不死于天灾，即死于刑网；不死于刑网，即死于内战。其不死于天灾、刑网与内战者，则又大半死于诸族之屠杀。如汲桑陷邺而"诸名家流移依邺者,死亡并尽",鲜卑入河北,"士众暴掠,死者甚多",中国妇女"沉于易水者八千人"(《王浚传》)。

其余未被屠杀者,不论男女又为强迫征去,以从事于苦役。《石季龙载记》有云:"沙门吴进言于季龙曰:'胡运将衰,晋当复兴,宜苦役晋人以厌其气。'季龙于是使尚书张群发近郡男女十六万,车十万乘,运土筑华林苑及长墙于邺北。"其中壮丁则强迫当兵,如王弥"与刘曜、石勒等攻魏郡、汲郡、顿丘,陷五十余壁,皆调为军士"(《王弥传》)。

当此之时,晋代的政府已南迁建业,其势力不及于淮河之北。在这种情势之下,当时沦陷区域的人民只有两条出路,不是拿起武器斗争,便只有辗转逃亡,苟全性命,所以当时黄河以北的沦陷区域中,到处展开人民自动的武装斗争。山东、河北、河南一带,坞屯壁垒,所在屯聚。刘聪入山东,"齐鲁之间郡县垒壁降者四十余所";其不降者尚不知多少。刘曜、石勒攻魏郡、汲郡、顿丘,"陷五十余壁";其未陷者,亦不知多少。这些沦陷区域的人民,他们自推领袖,保护家乡,如苏峻"纠合得数千家,结垒于本县"、郗鉴"得归乡里……三年,众至数万"、李矩"素为乡人所爱,乃推为坞主,东屯荥阳,后移新郑……招怀离散,远近多附之"。他们能自制武器,如魏浚"及洛阳陷,屯于洛北石梁坞,抚养遗众,渐修军器……于是远近感悦,襁负至者甚众"。

即因有沦陷区域人民的武装斗争,所以晋代政权虽退至江南,而人民的堡垒依然对峙于大河的南北。他们常以巧妙的方法刺探敌情，以密闻于政府，据《祖逖传》云："河上堡固先有任子在胡者，皆听两属，时遣游军伪抄之，明其未附。诸坞主感戴，胡中有异谋，辄密以闻。"可惜东晋政府餍于偏安，不能积极北伐，以致先后为诸族所扫荡。随着河北壁垒坞屯之扫荡，诸族势力便在中国北部获得更大的扩展，因而施于中原人民之各族压迫，日益加甚。于是中原人民便不能不开始其逃亡的生活，而形成中国史上空前的民族大迁徙。

三、饥饿与压迫唤起了流人的叛乱

我们必须指出，在一般人民迁徙之前，中原的士族早在永嘉之乱的时候，便已"亡官弃守"，卷其子女财货及其佃客，开始其向江南之逃亡。唐《林中记》云："永嘉之乱，中原仕族林、黄、陈、郑四姓，先入闽。"又据明何乔远书云："晋永嘉二年，中州板荡，衣冠始入闽者八族，林、黄、陈、郑、詹、丘、何、胡是也。"及至"洛京倾覆，中州士女避乱江左者十六七"（《王导传》）。

这些中原士族逃亡到江南以后，当时的执政王导便"劝（元）帝收其贤人君子，与之图事"（《王导传》），于是"中国亡官失守之士，避乱来者，多居显位"，而"中州人士"皆由难民而一变为"佐佑王业"的显贵了（《晋书·周顗传》）。其另一部分士族，则要求政府分剖江南的土地，侨置郡县，重新过其地主的生活。他们除了带来的佃农，又招收由北方逃来的一部分贫农而为其"荫客"以进行其大规模之土地耕种。所谓"荫客"，即在大姓庇荫之下，不纳国税，而以其收入与大姓"量分"的贫农。

这种"荫客之制"，据杜佑云：西晋已经盛行，"至东晋其数更加"。因为他们南渡以后，利用江南的肥沃土地与大批流亡的难民，更有可能将这种制度以扩大规模在江南再版。据《南齐书·州郡志》云："时百姓遭难，流移此境，流民多庇大姓以为客。"《文献通考》云："东晋寓居江左……都下人多为诸王公贵人左右佃客、典计、衣食客之类，皆无课役。"

这种办法很快就被江南的豪族学会了。于是当"王师岁动，编户虚耗"之时，而"南北权豪，竞招游食（难民）"。当时这些大姓所包庇的壮丁数目，《山遐传》云："遐绳以峻法，到县八旬，出口万余。"一县之内即可"出口万余"，若合当时所有的"侨置郡县"，则其数当有可观。这样一来，少数大姓豪族，自然是大发其国难财，而对于当时政府为了对抗诸族而动员人力与物力的政策，却发生了极大的阻碍。所以当时颜含看到这种"国弊家丰"的情形，便向王导建议，主张"征之势门，使（荫客）返田桑"。

但是结果，颜含的建议并未为当时的政府所重视。终东晋之世，政治皆为豪族所把持，王、谢、庾、郗迭嬗执政。以至当时有"王与马，共天下"之民谣，与"淮流竭，王氏灭"之预言。由此可以想见当时豪族之盛，而其根基不可动摇有如此也。他们把持中央，餍于宴安，丝竹自随，清浅度日，几不知中国北部尚有诸族。

结果文武不和，内外相贰。王敦、苏峻、祖约、桓玄、王恭、殷仲堪等相继叛乱于内，西北诸族压迫于外，而东晋遂亡。

当沦陷区域一般人民开始逃亡的时候，已经是他们的庐舍丘墟、田园被占的时候。他们四顾茫茫，无可投依，因而他们的逃亡，显然是无目的的。不过，从历史记载中，也可以看出他们是向着东南与西南两个方面逃亡的。其向东南流徙者，都是山东、河北及淮北一带的人民，他们大概都流徙于苏、皖、闽、浙一带。据《晋书·地理志》云："幽、冀、青、并、兖五州及徐州之淮北流人相帅过江淮，帝并侨立郡县以司牧之。"《苟晞传》云："顿丘太守魏植为流人所逼，众五六万，大掠兖州。"《地理志》云："琅邪国人随帝过江者，遂置怀德县及琅邪郡以统之。"以后当"胡寇南侵，淮南百姓皆渡江。成帝初，苏峻、祖约为乱于江淮，胡寇又大至，百姓南渡者转多，乃于江南侨立淮南郡及诸县"。此外，还有一部分山西人也逃到东南，据同书云："上党百姓南渡，侨立上党郡为四县，寄居芜湖。"由此而知当时北方人民之流徙于东南者，大概都多少获得一些政府的援助，他们也许在江南获得了一块小小土地，而重度其自耕自食的生活，最低限度也可以投身于大姓而为佃客。

至于向西南流徙者则大部皆为山、陕的人民，他们大概都流徙于豫南、鄂西一带。

关于陕西人民之移徙，《李特载记》言元康年间，"关西……百姓乃流移就谷，相与入汉川者数万家……流人十万余口……散在益梁"。又《通鉴》卷八六云："汉中民东走荆沔。"

此外当时四川遭李流之乱，四川的人民亦多流徙于湘、鄂或云南。《李雄载记》云："蜀人流散，东下江阳，南入七郡。"《杜弢传》云："巴蜀流人，汝班、蹇硕等数万家，布在荆湘间。"《刘弘传》云："益梁流人……在荆州十余万户。"《通鉴》卷八五云：蜀民"或南入宁州，或东下荆州，城邑皆空，野无烟火"。甚至云南的人民也有向安南移徙的，据《通鉴》八六云："宁州……吏民流入交州者甚众。"

又据《王弥传》云："河东、平阳、弘农、上党诸流人之在颍川、襄城、汝南、南阳、河南者数万家。"关于山西人民之移徙，刘琨向政府的报告云："臣自涉（并）州疆，目睹困乏，流移四散，十不存二，携老扶弱，不绝于路……并土饥荒，百姓随腾南下，余户不满二万。"

这样看来，今日豫南、鄂西、湘北和四川一带，正是当时流人集中之地。这些从沦陷区中逃亡出来的流人，他们不像中原士族一样挟着政权南渡江左，仍然可以"鞭笞百越，称制南州"，以过其"连骑结驷，高盖华辀"的奢侈生活；恰恰相反，这些失去了一切的农民，"扶老携幼"，远涉山河，"羁旅贫乏"，流困异乡。政府不为其分剖土地，侨立郡县，当地的"居人"又视其为盗贼，不与合作。他们不是"为旧百姓之所侵苦"，便是"为旧居民所不礼"。在国破家亡而又不能继续下去的环境之下，流人之中迫于生计，难免有强暴之徒铤而走险，流为盗贼。如《刘弘传》云："益梁流人萧条",《通鉴》云:"在荆州者十余万户,羁旅贫乏,多为盗贼。"然而其为盗贼,实不得已,绝不如《李流载记》所言,"流人专为盗贼",或如《华阳国志》所载,"流民恃此,专为劫盗"。陕西流人遂与蜀人"客主不能相制",同时"巴蜀流人散在荆湘者,与土人忿争"。

当时政府不察实情,对于西南流人,或则勒令回籍,或则欲于尽诛。前者如对于南阳一带之关中流人,"诏书遣还乡里";后者如对湘州之四川流人,湘州刺史荀眺欲尽诛之。在这样的情形之下,西南流人归亦死,不归亦死,于是相率屯聚,煽而为乱,杀戮官吏,攻陷城邑者,到处皆有。其最著者,如太安二年,张昌的叛乱,"江沔间一时焱起,竖牙旗,鸣鼓角以应昌,旬月之间,众至三万"。攻弋阳,破武昌,攻宛,攻襄阳,又破江扬二州,扰乱扬、豫、荆、徐、江五州之地。其次,永嘉二年王弥的叛乱,豫西的流人,群起响应,以致为诸族所利用。以后永嘉四年,王如、庞实、严嶷、侯脱等流人的叛乱,扰乱司、雍二州。最后,永嘉五年,杜弢、汝班、蹇硕等四川流人在湖南所发动的叛乱,南破零陵,东陷武昌,延长五六年之久。这些叛乱,考其原因,并非具有任何政治动机,而皆为迫于饥饿、集团求食而已。所以陶侃对于剿灭流人颇有经验,其督剿杜弢时所用武器,并非弓矢,而为米粥。流人一见米粥,叛乱即时瓦解。反之,若山简之剿王如,专用武力,则反而不能不由南阳败退夏口。由此而知当时西南一带流人的生活之艰苦实已达到极点。以如此庞大数目的流人,而当时政府不能把他们的力量引向抵抗诸族的方向，反而使他们崩溃决裂，扰乱自己的后方，岂不可叹。

总之，从西晋末到东晋之初，一方面是西北诸族的内徙，一方面是中原民族的南迁，这是中国历史上一个民族大移动的时代。而民族的大移动则由于中国自三国以来之长期内乱有以启其渐，而八王之乱则为其最直接之原因。这一民族大移动在中国历史上固然是表征西晋势力的衰落，但也留下了一种积极的影响，即由此而加速了中国南部的发展，并从而展开了后来六朝的文明。

"九品中正"与西晋的豪门政治
/ 翦 伯 赞 /

一

西晋的政治是豪门政治,而且是制度化了的豪门政治。

西晋曾施行一种所谓九品中正的选举制度,这种制度就是实现并巩固豪门政治的一种制度。

考九品中正的制度创始于曹魏,是一种以身份为标准的选举制度。赵翼《二十二史札记》[1]八引柳芳《氏族论》文云:

> 魏氏立九品,置中正,尊世胄,卑寒士,权归右姓已。其州大中正、主簿,郡中正、功曹,皆取著姓士族为之,以定门

---

[1] 即《廿二史札记》。——编者注

胄，品藻人物。晋、宋因之（南朝多以寒人掌机要节）……

曹魏创立这个制度，据说并不是立意要造成一种豪族政治，而是适应一种特殊的环境。因为魏承汉末大乱之后，人物播越，户籍散亡，无法进行正常的选举。权时制宜，以为此制。《宋书·恩倖传·序》云：

> 汉末丧乱，魏武始基，军中仓卒，权立九品，盖以论人才优劣，非为世族高卑。因此相沿，遂为成法。自魏至晋，莫之能改。

又据《晋书·李重传》云：

> 九品始于丧乱，军中之政，诚非经国不刊之法也。

西晋灭蜀，篡魏，平吴，天下一统，这种"权时之制"本可废除，但西晋的豪族为了保卫自己的特权，不但相沿不改，而且变本加厉，严门第之别，从此豪族与寒士便有云泥之隔。《宋书·恩倖传·序》云：

> （九品中正之制）自魏至晋，莫之能改，州都郡正，以才品人，而举世人才，升降盖寡。徒以凭借世资，用相陵驾，都

正俗士，斟酌时宜，品目少多，随事俯仰。刘毅所云"下品无高门，上品无贱族"者也。岁月迁讹，斯风渐笃，凡厥衣冠，莫非二品。自此以还，遂成卑庶。周、汉之道，以智役愚，台隶参差，用成等级；魏晋以来，以贵役贱；士庶之科，较然有辨。

为了推行这种制度，西晋仿照曹魏的办法，于州、郡设置中正之官，掌管选政。吏部（类似今之内政部）用人，必命中正去查考他的籍贯、三代和阶级，查明他们的祖先是否为世家贵族，查明他们是否为中原的世家贵族，也查明他们是否真有世家贵族的血统，而查籍贯、查三代、查阶级所根据的是谱牒。据《通典》卷一四《选举》二《历代制》中云：

> 晋依魏氏九品之制，内官吏部尚书、司徒、左长史，外官州有大中正，郡国有小中正，皆掌选举。若吏部选用，必下中正，征其人居及父祖官名。

查三代、查阶级的用意，是杜绝非豪门子弟渗入统治阶级，亦即向豪门以外之一切社会阶层的人民关闭政治之门。这种选举制度的特色，就是用人选官，不问才能，但论门第。因之，豪门之子，虽白痴，亦得袭高官；寒门之士，虽贤圣，只能为下吏。这种选举制度的结果，自然会如王沈《释时论》所云："百辟君子，奕世相生，公门有公，卿门有卿。"末流所趋，竟至如刘毅所云："上品无寒门，下品无势族。暨时有之，皆曲有故。"

查籍贯的用意是杜绝吴、蜀的豪门子弟渗入政治，亦即向中原，特别是豫州以外之其他各处的豪族关闭政治之门。这种地方主义的选举，自然要造成一种轻视吴、蜀人士的观念。例如伏波将军孙秀，即因他是吴国的支庶，中华人士，遂耻为掾属。廷尉平何攀，即因他是蜀士，廷尉卿诸葛冲遂以此轻之。由于查籍贯的结果，所以当时的情形竟如贺循所云："荆、扬二州，户各数十万，今扬州无郎，而荆州江南乃无一人为京城职者。"反之，则如陈頵所云："豫州人士，常半天下。"

西晋的豪族就用这样的选举制度保证他们的政权，企图使这个政权世世代代掌握在自己手中。但是在这个制度的实行当中，没有能严格执行，发生了许多弊端。这是因为作为决定人品尊卑的谱牒在汉末以来的大乱中多已亡失，给这个制度留下一个漏洞。《晋书·挚虞传》云：

虞以汉末丧乱，谱传多亡失，虽其子孙不能言其先祖。撰《族姓昭穆》十卷，上疏进之，以为足以备物致用，广多闻之益。以定品违法，为司徒所劾。诏原之。

因为谱牒亡失，当时的中正便可依照自己的爱憎进退人才。刘毅上武帝书有云：

> 今之中正，不精才实，务依党利；不均称尺，务随爱憎。所欲与者，获虚以成誉；所欲下者，吹毛以求疵。高下逐强弱，是非由爱憎。随世兴衰，不顾才实。衰则削下，兴则扶上。一人之身，旬日异状。或以货赂自通，或以计协登进；附托者必达，守道者困悴。

这样看来，似乎寒门之士，也有走上政治舞台的希望，但是实际上并不可能。因为这里所谓强弱，是豪族之中的强弱；并不是指的豪族与寒门。同时，能以"货赂自通"或以"计协登进"的人物，亦必为有钱有势的富豪。至于寒门之士，衣食不赡，门路不通，何来金钱以通贿赂，谁与计协而谋登进。故中正的舞弊，并不妨碍这个制度仍然是豪族政治的保证。

二

西晋豪族的登进，有一定的程序可循，如有爵者袭爵，无爵者大半起家尚书郎、中书郎、秘书郎、著作郎，或太子舍人，然后由此转入显位。据《晋书》载，陈骞、杜预皆起家尚书郎，王齐起家中书郎，郭默起家秘书郎，张载起家著作郎，山简、和峤、卢浮皆起家太子舍人。

此外，也有经由所谓选举而致身腾达的人物，如山涛、卢钦、傅玄等，皆系举"孝廉"；卢湛、刘颂、乐广等，皆系举"秀才"；夏侯湛、阮种皆系举"贤良、方正、直言"。但所谓选举，不过是一种欺骗人民的形式,等于玩弄魔术。实际上,如果一个人不是豪族,就没有被选举的资格。这种情形,正如段灼所云:"今台阁选举,涂塞耳目。九品访人,唯问中正。故据上品者,非公侯之子孙,则当涂之昆弟也。"

诚然,西晋政府亦曾颁布举寒素的诏命,如李重之奏有云:"案如《癸酉诏书》,廉让宜崇,浮竞宜黜。其有履谦寒素靖恭求己者,应有以先之。"但这不过是替豪门政治找一个掩饰。实际上,是等于海船上的救生衣,备而不用。

因为当时所谓"寒素",虽然是指的"门寒身素,无世祚之资"的人;但同时这种寒素之士必须"隐居求志,笃古好学",又要草野之誉既洽,德礼有闻。像这样的人,如果不是没落之地主,也是乡曲的士绅。

据史籍所示,在西晋时期,读书是豪门子弟的特权。西晋曾设太学、国子学,但在这种学校里面的学生,都是清一色的豪门子弟;非豪门子弟即使混入学校,也要被清除出来。关于此事,有诏书为证。《通典》卷五三《礼》一三《吉礼》"大学"条载武帝诏云:"已试经者留之。大臣子弟堪受教者令入学,其余遣还郡国。"

非豪门子弟,既无读书之权,又安能有笃古好学之士?然而笃古好学却是被选举的条件,这岂不是逗寒士开心?就算是有资格笃古好学的寒素,在举荐中也横遭排抑。《晋书·李重传》云:

燕国中正刘沈举霍原为寒素,司徒府不从。

又如《晋书·光逸传》:

(逸)初为博昌小吏……后举孝廉,为州从事,弃官投辅之。辅之时为太傅越从事中郎,荐逸于越,越以门寒而不召。越后因闲宴,责辅之无所举荐。辅之曰:"前举光逸,公以非世家不召,非不举也。"

此外,西晋时的寒士被豪族抑压、轻视和侮辱的事情,《晋书》亦有所载。《晋书·王沈传》云:

(沈)少有俊才,出于寒素,不能随俗沉浮,为时豪所抑。

《晋书·郭奕传》云:

时亭长李含有俊才,而门寒,为豪族所排。

《晋书·李含传》亦云:

(含)少有才干,两郡(狄道、始平)并举孝廉。安定皇甫商州里年少,少恃豪族,以含门寒微,欲与结交。含距而不纳，商恨焉，遂讽州以短檄召舍为门亭长。

《晋书·张光传》云：

（光）少为郡吏……擢授新平太守……（秦州刺史皇甫）重自以关西大族，心每轻光，谋多不用。

《晋书·孙铄传》云：

（铄）少乐为县吏，太守吴奋转以为主簿。铄自微贱登纲纪，时僚大姓犹不与铄同坐。

《晋书·霍原传》云：

（原）叔父坐法当死，原入狱讼之，楚毒备加，终免叔父。年十八，观太学行礼，因留习之。贵游子弟闻而重之，欲与相见，以其名微，不欲昼往，乃夜共造焉。

《晋书·易雄传》云：

（雄）少为县吏，自念卑贱，无由自达……举孝廉，为州主簿，迁别驾。自以门寒，不宜久处上纲，谢职还家。

这些例证，充分地说明了当时的寒门之士要想走上政治舞台，真是难于上青天。即使有之，亦如刘毅所云："皆曲有故。"像这样对寒士关门的选举制度，正如段灼所云："筚门蓬户之俊，安得不有陆沈者哉！"

三

上述的情形并不是过甚其词。我们若就《晋书》"列传"所录之西晋人物世系加以考察，就可以发现，其中最显赫的人物几乎都是豪族的子弟。

第一等的豪族是皇族。据《晋书》记载，晋朝皇子，例皆封王。如有宣五王[1]、文六王[2]，还有参加"八王之乱"的汝南、楚、赵、齐、长沙、成都、河间、东海等八王，以及武十三王[3]等。这些诸王的支庶，又得世代相承，袭其先王的封爵。

此外，又广建宗室，以为屏藩。"诸父同虞、虢之尊，兄弟受鲁、卫之祉"，如司马懿之诸弟孚、权、泰、绥、遂、逊、睦、陵，于司马昭为诸父，皆封王。这些宗室的后裔，也得本支百世，

---

[1] 宣帝司马懿九男。五王为平原王榦、琅邪王伷、扶风王骏、梁王肜、清惠亭侯京（魏末以公子赐爵，年二十四薨。泰始元年，其嗣子机封燕王）。

[2] 文帝司马昭九男。六王为齐王攸、城阳王兆、辽东王定国、广汉王广德、乐安王鉴、乐平王延祚。

[3] 武帝二十六男。十三王为毗陵王轨、秦献王柬、城阳王景、东海王祇、始平王裕、淮南王允、代王演、新都王该、清河王遐、汝阴王谟、吴王晏、渤海王恢（十二王）。

世袭封爵。

又《初学记》卷十及《御览》卷一五二皆云："帝之姑、姊、妹皆为长公主，加绿绶。"这种情形，诚如王沈《释时论》所云："多士丰于贵族，爵命不出闺庭，四门穆穆，绮襦是盈。"

与皇族并驾齐驱的是外戚。西晋一代，特别是太康年间，外戚之势最为嚣张。如杨骏（武帝杨皇后之父）兄弟，势倾天下。贾充（惠帝贾皇后之父）、贾谧（贾充之嗣孙），权过人主。他如羊琇（景献皇后从父弟）、王恂、王虔、王恺（文明皇后之弟）、羊玄之（惠帝羊皇后之父）等，皆以后党而致身显要。李胤、胡奋、臧权、冯荪、左思、诸葛冲辈，并以妃嫔之父兄而布列内外。

此外，西晋的许多权要，大抵都与皇家有切肉连皮的关系。如山涛因与宣穆皇后为中表，是以总选政。羊祜因与景献皇后为姊弟，是以典重兵。杜预（尚文帝妹高陆公主）、王济（尚武帝女常山公主）、温裕（尚武帝女长安公主）、卢谌（尚武帝女荥阳公主）等，皆以尚公主而或外署重镇，或内参机要，王衍、乐广、孙旂、缪胤、刘琨等，皆因与皇族有姻娅关系而煊赫一时。这些，尚不过是与皇族有直接姻娅关系的外戚。实际上，此辈外戚，又各有姻娅，姻娅复有姻娅，如此之辈，皆得辗转因缘，攀缘裙带，排金门而入紫闼，窃取天下之显位。

除皇族、外戚以外，西晋的显要人物大半出身于世家。《晋书》"列传"中所录西晋人物，出身世家者占三分之二以上。这些人或祖若父并有官爵，或父有官爵，或其远祖、疏属有官爵，这诚如刘颂上武帝书所云:"泰始之初,陛下践祚,其所服乘皆先代功臣之胤,非其子孙,则其曾玄。"

此外,则为地方著姓或名族之子弟,亦有世系不明者。这些人即使不是世家,亦为地方豪族。即使不是地方豪族,则亦如刘寔《崇让论》所云:"必为有势者之所念也。"于出身小吏或起自寒微者,则寥寥可数。

从此可知,西晋的统治阶级都是豪门子弟,这些豪门子弟,又大半籍隶豫州,因而所谓西晋政府,不过是豫州的豪族之集团。这个豪族集团在九品中正选举制度之下,用身份把自己变成官僚,以后又在九品占田的制度之下,用官品把自己变成更大的地主;同时又利用政治权力,以其封建剥削之所得,转化为商业资本,而从事于货殖。因而他们是官僚,是地主,也是商人。所以,西晋的政权是豪族的政权,也是商人地主的政权。

士族制度

/ 范　文　澜 /

　　东汉士人求官，必须先在乡里间造成名誉，才能被长官辟召，或选作孝廉方正，取得禄位。东汉末年有人专业批评人物，如汝南许劭，考核人才高下，每月初发一次榜，叫作"月旦评"。经他评定的人，就在社会上有地位。曹操少年时没有声望，求许劭评品，劭说："你是治世的能臣，乱世的奸雄。"从此曹操得名做官了。大抵大族世家的子弟容易得名，也就容易做官。公孙瓒做幽州刺史，专引用贫贱人。他说："世家子弟自以为该当富贵，不会感谢我的恩德。"可见汉魏间仕途已被世家大族把持，连求名也不需重视了。

　　魏吴质家世单微，因与曹丕亲近，得封侯拜将，官位高显，但本郡（质济阴郡人）乡评还是看不起他。质虽然愤恨辱骂，仍不得列入士族。三国初期，士族与寒门形成严格的区别，排斥寒门，不让它分润政治上的权利。

曹丕依据这种习惯创立"九品中正"的制度，州郡县各置中正官，考查所管人才高下，分成九等。列在下品的，永远不得仕进。西晋刘毅指出九品中正的弊病，是"爱恶随心""荣辱在手""上品无寒门，下品无势族"。地主官僚联合压迫贫寒人，九品中正制是压迫的工具。

自从九品中正制确定以后，士族依法律保证统治地位的巩固，生活极端腐化，造成西晋末年的大乱，中原士族十之六七避难到长江流域，拥护司马睿重建政权。士族中王氏一族最强盛，王导做丞相，管政治，王敦做大将军，专兵权，子弟满布要职，当时有"王与马，共天下"的传言，又有谢氏一族与王氏并称，南朝士族，王、谢居首。其余众族各依门第高低，分配权利，不敢僭越。北方士族过江较晚，便被指为伧荒（南人呼北人为老伧或伧夫），即使人才可用，也只得浮沉微职，难升上流。

士族享受的权利，有下列几种：

入仕——南朝定制，甲族（世家）子弟二十岁登朝，后门（卑族）年过三十岁才得试做小吏。甲族开始就做秘书郎、著作郎、散骑侍郎等官，升迁极容易。寒贱人极少取得高级官职的机会，想转成甲族更是不可能。晋吴逵有德行，郡守王韶之擢逵补功曹，逵自知门寒，固辞不就。梁时交趾（安南）人并韶擅长文学，请求做官，吏部尚书蔡撙说并不是贵姓，只给管城门的贱职，韶回乡里谋作乱。寒贱人不退让就得受辱，退让还可保持"有德行"的虚名。

婚姻——门第相等，才通婚姻，否则视为极大罪恶。梁王肜嫁女给富家满氏，沈约上表弹劾，说肜污辱士流，莫此为甚。甚至说满氏"非我族类"，强烈的等级偏见，竟否认同种人为自己的"族类"。西晋末周浚做安东将军，偶过汝南富家李氏。李氏女络秀烹菜精美，浚求络秀做妾，络秀父兄不许。络秀说："我们门户低微，如果得联姻贵族，将来也许有大好处，何必怜惜一个女儿。"后来络秀生周𫖮、周嵩兄弟二人。络秀对儿子说："我为李家门户打算，屈身做周家的妾，你们如果不把李家当亲戚看待，我也不要老命。"李家因此得参与上流。东晋末杨佺期自矜门第极高，江左莫比，一般士族却因杨氏过江较晚，又与伧荒通婚，共同排抑，不认杨氏为甲族。梁时侯景攻破台城（南京玄武湖旁），迫胁萧衍允许他求婚王谢。萧衍道："王谢门高，可向朱张以下去求。"门第界限，严格如此。

身份——士族与非士族间有不可侵犯的区别，皇帝也不能改变它。萧赜时，中书舍人纪僧真得宠，僧真自觉有士族风度，请求萧赜说："臣出身武吏，荣任高官，请陛下允许臣列入士族。"萧赜说："这要江敩（音效）认可，我不能做主，你可往见江敩。"僧真奉旨往见，竟登客位坐下。敩命左右："移开我的坐床，不要近他。"僧真丧气退走，告萧赜道，士大夫真不是天子权力所及。何敬宗与到溉不和，骂溉身有余臭，也冒充贵人；因为溉祖彦之曾务农担粪。萧道成（齐高帝）临终遗诏说："我本布衣素族，想不到做皇帝。"宋、齐、梁、陈四朝皇帝，出身都不是高门甲族。赞助他们成功的多数是寒贱人，后来虽然做将相大臣，并不能提高自己的身份。

家谱——士族得免徭役，得依门第高下取得禄位，得依政治特权侵夺庶民，因此中原士族流寓江东，子孙相继二三百年，依然保持北方旧籍贯，不肯自称江东土著。士族有名籍，藏在官府，庶民纳贿赂一万余钱，得冒入士籍。士族要防止假冒，特别重视家谱，家谱成为专门的学问。

士族掌握着统治权，朝代改换，士族地位不变，所以南朝士人重家不重国，重孝（伪装的孝）不重忠，种族耻辱更不在意想中。他们的生活是：

傲慢——例如晋谢万自矜高门，贱视一切。率军屯下蔡，将士困苦，万从不留意。兄谢安劝万说："你做元帅，应该时常接近部下，哪有傲慢如此，能成事功。"万听安劝，召集诸将大会，手执铁如意指四座道，你们都是老兵。诸将愈益怨恨，遇燕慕容儁兵，不战溃退，万狼狈逃归。

苟安——燕慕容暐派刘翔来见晋帝司马衍。翔恨江南士大夫骄奢放纵，丝毫不想恢复中原，报西晋灭亡的耻辱。某次朝廷贵臣大会，翔慷慨说道，中国丧亡，已经三四十年，人民被胡虏蹂躏，盼望晋兵去救，想不到诸君苟安江南，荒乱无聊，奢侈算是光荣，骄傲算是贤能，不说实在的话，不练有用的兵，诸君有何面目对主上和人民呢？朝臣们颇有愧色，苟安依然如故。

优闲——士族与庶民分别极严，庶民服劳役，士族坐享安乐。

颜之推说南朝末年的情形道："江南士族至今已传八九代，生活全靠俸禄，从没有自己耕田的，田地交奴隶佃客耕种，自己连起一拨土、耘一株苗也没见过。人世事务，完全不懂。所以做官不办事，管家也不成，都是优闲的缘故。"士族唯一的技能，就是有些人会作五言诗。有些人诗也不会作，公宴赋诗，请人代作。

腐败——颜之推说梁朝士大夫通行宽衣大带大冠高底鞋，香料熏衣，剃面搽粉涂胭脂，出门坐车轿，走路要人扶持。官员骑马被人上表弹劾。建康（南京）县官王复未曾骑过马，见马叫跳，惊骇失色，告人道，这明明是老虎，怎么说它是马。后来侯景叛乱，贵族们肉柔骨脆，体瘦气弱，不堪步行，不耐寒暑，死亡无数。还有些贵族，因为百姓逃散，不能得食，饿成鸟面鹄形，穿着罗绮，怀抱金玉，伏在床边等死。南北朝最大文学家庾信，先与梁宗室萧韶有断袖欢（同性爱），不久韶封长沙王兼郢州刺史，庾信还想继续旧欢。韶对他冷淡，庾信大怒，跳上酒席践踏杯盘，指韶面道："你今天形容大异往日。"当时客宾满座，韶很惭愧。士族生活丑恶到不可想象的程度。

九品中正制不仅在南朝施行，北朝士族虽在异族压迫的下面，也还享受一部分政治特权，直到隋唐，士族制度才逐渐遭到破坏。

南朝文化的发展
/ 范 文 澜 /

西晋末年,中原士族逃奔江东,建立南朝政权。他们在政治上、经济上享受特殊的权利,生活非常优裕,地位非常巩固,因之黄河流域的文化移植到长江流域,不仅是保存旧遗产,而且有极大的发展。中国古文化极盛时代,号称汉、唐两朝,南朝却是继汉开唐的转关时代。唐朝文化上的成就,大体是南朝文化的更高发展。西晋以前,长江流域的经济和文化,远落在黄河流域后面;南北朝时期,南方文化超越北方,经济也逐渐发展起来;唐以后,黄河流域的经济和文化,都落在长江流域后面。这一转变的原因,不能不说是由于中原士族的南迁。

南朝士族生活的优裕,宗教迷信的盛行,产生以华美为特色的文化。

一、文学

《诗》三百篇是两周歌诗的总集，句法以四言（字）为主，称为四言诗。两汉乐府歌辞以及不入乐的诗篇，句法以五言为主，叫作五言诗。东汉末（建安时代）魏晋五言诗高度发展，到南朝五言诗益被重视，不能作诗，几乎不得参与士族的宴会。

战国末楚国屈原、赵国荀况创造辞赋，屈原一派传到汉朝，非常发达，叫作楚辞或屈原赋，汉朝人自造的赋体，叫作汉赋或古赋。南朝作者造句更美，对偶益工，用事（典故）益富，叫作俳赋。大抵南朝士族人人能作五言诗，赋非著名文士不敢作。

南朝诗赋在形式上有新的创造，就是句法对偶化、声律（平仄）化。汉以前诗赋只有韵脚，没有平仄。建安时代曹植采取梵呗中声律应用于五言诗，于是偶有律句的出现。西晋文士如陆机、陆云，渐知平仄的重要，但不能自由运用。宋范晔、谢庄等人，发明诗赋中用平仄的规律，如范晔《狱中与诸甥侄书》、谢庄《赤鹦鹉赋》，对声律的研究，确有进展。齐梁时代，沈约、王融创四声（平上去入）八病（平头、上尾、蜂腰、鹤膝、大韵、小韵、正纽、旁纽）说，沈约作四声谱，刘勰作《文心雕龙》，把范晔、谢庄秘而不宣的诀法传播文学界。此后诗、赋、骈体文，全依声律制作，益增华美。梁陈时代，庾信、徐陵集南朝文学的大成。庾信降北朝，历仕周、隋二代，北方盛行庾信体。唐朝的律诗、律赋，就是南朝徐、庾体的发展。

长短不齐近于言语的文辞，叫作散体文；句法齐整，四字或六字成句的文辞，叫作骈体文。西汉散体文极盛，骈体文也在西汉开始。东汉以下，骈体文盛行，魏晋作者如建安七子（曹植为首）、潘岳、陆机称为骈文的楷模。南朝骈文，既重对偶，尤重声律，骈体转化成四六体，再转成为唐朝的四六体。东汉以来衰落到极度的散体文，正当西晋骈体极盛的时候，散体文又开始萌芽，经过南朝长期的发展，到唐朝成为陈子昂、韩愈的古文。古文模仿古代人口语，与作者当时口语相差甚远。

二、经学

讲明儒家经典的学问，叫作经学。两汉经学极盛。魏晋时代改变两汉烦琐的学风，解经以清通简要为主。南朝儒生发展这一派的经学，称为南学。唐宋以来所谓《十三经注疏》，完全依据南朝的经学。

经学中的三礼学（《周礼》《仪礼》《礼记》），专讲区别尊卑亲疏贵贱，最适合士族制度的需要，因之礼学在南朝特别发达。宋何承天删旧行的《礼论》八百卷为三百卷。梁徐勉撰《五礼》，共一百二十帙，一千一百七十六卷，八千一十九条，其中凶礼（丧礼）多至五千六百九十三条。讲三礼尤其是讲丧服部分，是南朝儒生的专门学问。

思想上融合儒佛两家，《礼记》中的《中庸》篇是最好的媒介。宋戴颙撰《中庸》篇，萧衍撰《中庸讲疏》，无名氏撰《中庸义》，《中庸》篇从《礼记》中提出单行。后来两宋理学家窃取佛教学说，借《中庸》篇高谈儒家的性命哲学，南朝已经启示出途径。

三、哲学

东汉末老庄学派（玄学）开始复活。魏晋时代玄学大发展，手执麈尾，林下清谈，成为士族的专业。东晋玄学与佛学融合互助，如名僧支遁讲《庄子·逍遥篇》，标举新旨，玄学家殷浩博通佛经，谈锋莫敌。王导以下，无不专心哲学，力争名誉。卫玠与谢鲲谈玄，彼此辩难，一夜不眠，玠向有痨病，病发身死。支遁、殷浩各负重名，二人相避不敢见面。这类例证很多，足见哲学研究的盛行。宋以后，佛学比玄学更发展，与儒学成尖锐的对立。宗炳作《明佛论》，主张人死神不灭，何承天作论驳宗炳。承天作《达性论》，主张人贵物贱，否认佛家众生平等说，颜延之作论驳承天。大抵南朝哲学家析理精细，反复深入，辩驳解答多至七八次，始终保持严肃态度，不动意气，这一点堪称论家的良好模范。齐梁时代，儒佛两家力求融合，为统治阶级更进一步服务，萧衍是这一派的代表。一部分儒者发挥儒家崇实思想，攻击佛教迷信空寂的流弊，范缜《神灭论》是这一派的代表。陈朝文学极盛，哲学渐趋衰落。因为佛教得萧衍的拥护，在政治上、思想上完全战胜了儒家学派，儒学不敢再和佛教斗争，本身发展也就停顿了。隋唐时代佛教继续发展，是依靠它内部各派间的斗争，儒学和玄学都不成为佛教的对手。

四、医学

南朝士族多精医学。殷浩妙解脉理，治百岁老妇人病，一剂便愈。殷仲堪亲为病人诊脉制方，借示仁慈。宋孔熙先善疗病，兼能诊脉。羊欣善医术，撰药方数十卷。就《隋书·经籍志》所载南朝医药书，有脉理、病理、药性、制药、针灸、孔穴、制丸、制散、制膏、制丹方、单方、验方、家传秘方；分科有小儿科、产科、妇女科、痈疽科、耳眼科、伤科、疟疾、痨病、癫病、软脚病、饮食法、养生术、男女交接术、人体图、兽医科（马牛驼骡）、印度医方。撰书人多是著名士族，科目分得很精细。

五、艺术

书法——中国文字姿势与图画相近，因之写字成为艺术的重要部门。宋王愔撰《文字志》订定字体三十六种。齐王融订定六十四种。梁萧绎扩充到一百种，其中五十种用纯墨，五十种用采色。字体有龙虎篆、花草隶、鸟虫书等名目，图画技术运化在字体上，写字与绘画同样能寄托作者的情思。东汉杜度、张芝、崔瑗擅长草书，照赵壹《非草书》篇说："当时文人学习草书，十天用一支笔，一月用几丸墨，衣袖常污，唇齿常黑，臂腕流血，不肯休止。"师宜官能作大字方一丈，小字方寸中容一千字。宜官时常空手到酒家饮酒，壁上写几个字，观众云集，酒家买卖骤增，不要宜官的酒钱。重视书法的风气，东汉已经盛行。东汉末蔡邕善篆隶，创造笔法，传授到东晋王羲之，集写字技术的大成，被称为书圣。南朝统治阶级上自帝王，下至僧道，写字著名的不可胜数，大抵都不及王羲之。羲之论书法说："要写字，先得凝神静思，预想字形大小、俯仰、平直、振动，令筋脉相连，变化莫测。先有意思，然后作字。如果平直没有变化，上下方整，前后齐平，这不是写字，只是点画罢了。"

图画——唐张彦远《历代名画记》说："象物必在于形似，形似须全其骨气，骨气形似，皆本于立意，而归乎用笔，故工画者多善书。"南朝士族特重书法，因之图画也同时发达。东晋朝如司马绍、王羲之、王献之、顾恺之、戴逵、戴颙，宋朝如陆探微、宗炳、谢庄，齐朝如谢赫、刘瑱、毛惠远，梁朝如萧绎、陶弘景、张僧繇，陈朝如顾野王，都是最著名的画家。他们富有艺术修养，改革旧作风，创造新意境。例如顾恺之多才艺，尤工丹青，号称三绝（画绝、才绝、痴绝）。瓦棺寺僧设大会请朝官布施，朝官施钱最多不过十万，恺之独布施一百万。令寺僧备一新壁，恺之闭门月余，画维摩诘像一躯，告寺僧说，观众第一日可请施钱十万，第二日五万，第三日随意布施。画毕开寺，维摩诘画像光彩耀目，据说有"清羸示病之容，隐几忘言之状"。几天得施钱百万。谢安称恺之画生人以来所未有，因为他能自创新意。他如宗炳善画山水，顾景秀善画虫鸟，谢庄制方丈木版，画中国山川疆域，分开是一州一郡，集合是全国地图。谢赫善写真，称南朝第一。刘瑱善画美女，毛惠远善画马，都称当世无匹。萧绎善画外国人物。张僧繇专画寺壁。僧繇曾在江陵天皇寺画毗卢舍那佛及仲尼十哲像，萧衍问僧繇何故佛寺中画孔圣人，僧繇答，将来还得靠他。后来北周灭佛法，焚毁寺塔，天皇寺有孔圣像，独得保全。

南朝书画家不仅技术精卓，理论也为后世艺术家所遵守。论书法如卫夫人《笔阵图》，王羲之《题笔阵图后》，萧衍《观钟繇书法十二意》；论画法如顾恺之论画，谢赫论六法（一气韵生动，二骨法用笔，三应物象形，四随类赋彩，五经营位置，六传模移写），王微叙画。唐以后书法、画法，从没有人能超越南朝的范围。

雕刻——戴逵工书画，人物山水，妙绝当时。逵又善铸佛像及雕刻，曾作无量寿佛木像高丈六，并旁侍两大菩萨。因旧传雕刻术朴拙，不能起人敬心，逵潜坐帷中，密听观众批评，所有褒贬，悉心研究，接连三年，修成新像，众人惊服。逵子颙，传父业，宋太子在瓦棺寺铸丈六金像，像成觉头面瘦小，工人无法修改，请颙审视。颙说，这不是面瘦，是臂胛过肥。削损臂胛，形象很雄伟。其他雕铸和梁释僧祐造石像，坐躯高五丈，立形高十丈；释法悦铸丈九金像，用铜四万三千斤，技术也颇可观，不过能创造新意的还得推尊戴氏父子。

摹拓术——顾恺之有摹拓妙法，用好纸依法上蜡，拓名画不失神采笔意。唐朝拓本盛行，无意中成为印刷术的滥觞。

南朝贵族大营宫室，僧徒盛造寺塔，建筑术一定很发达。贵族多擅长音乐，创制新声。又围棋与书画同样重视，称为手谈，或称坐隐，也算艺术的一种。凡是精神上享乐的技艺，南朝都把它发展了。高欢说，江东有萧衍老翁，专讲衣冠礼乐，中原士大夫企慕他，说是正朔所在。隋灭陈，得清商乐，杨坚说"此华夏正声也"。北人承认南朝文化是华夏正统，不仅音乐一端，所以军事上北朝战胜南朝，文化上却是南朝领导北朝。

第四章

隋唐

鼎盛

改地方三级制为变通的两级制
——中央集权之中心工作
/ 岑 仲 勉 /

秦始皇废封建,设郡四十,以郡统县,是为两级制。汉武帝元封五年,"初置刺史以察郡国,秩不过六百石。其后议者谓以卑临尊,轻重不相准,故汉成帝时遂更为牧,秩二千石,则尝一变矣。始时州牧奏劾二千石长吏者,皆下三公,遣吏验实,然后退黜。及光武即位,不复委任三府,故权在州牧,废置自由,则又一变矣。其始以六条诏察,过是者罢免,其后又兴赋政、治民之举,则又一变也。始则传车周流,后乃更改为重镇,争据土地,则又一变也。愈变愈重,至于东汉之末,方镇之形已成,而刘焉建论,犹请重其权任,郡守之权,悉归牧镇而不知朝廷,袁绍、董卓首乱而争权,苏峻、桓温效尤而跋扈,自晋至陈,擅伐之际,多由于此"(元朱礼《汉唐事笺》四)。方镇之祸,至唐而臻于极点。

"晋自中原丧乱，元帝寓居江左，百姓之自拔南奔者，并谓之侨人（民），皆取旧壤之名，侨立郡县。"（《隋书》二四）盖"司、冀、雍、凉、青、并、兖、豫、幽、平诸州一时沦没，遗民南渡，并侨置牧司，非旧土也"（《宋书》三五《州郡志》）。近世欧人殖民地之New York、New Antwerp、New Brunswick等称，实同斯义。我国上古之"地理层化"，一部分亦因此而产生。始不过安置难民，后乃假为夸大，南北东西，相承一辙，"一郡分为四五，一县割成两三"（《宋书》一一《律志·序》）。阎若璩云："此即魏收所云朔州，孝昌中始名，后陷，今寄治并州界，领大安、广宁、神武、太平、附化五郡者。"（《尚书古文疏证》六下）阎若璩考之，则所谓朔州洎大安、广宁、神武、太平四郡，皆在今寿阳县境，东西距只一百三十里，南北百五十里，而所容若此，其侨置夸诞，大可笑云。今试就《魏书·地形志》专论之，既有汾、营、青矣，复有南汾、南营、南青以骈之；既有兖、徐、豫矣，复有西兖、南兖、东徐、北徐、东豫、北豫以参之，州名之易混也。各州所辖之郡名，层见叠出，淆惑视听，莫斯为甚。南营五郡，全与营同；汾州四郡，同于南汾者三，犹是楚州也；而称沛郡者二，犹是南广也；而称襄城者二，犹是南郢也；而称永安者二。新蔡凡八，尚有东新蔡；汝南、襄城各七，尚有西汝南；陈留、沛各六，前者有北陈留、南陈留，后者有北沛、西沛，郡名之易混也。沙州二郡二县，湘州三郡三县，显州四郡四县，南朔、北江皆六郡六县。双头郡县中，有二郡共一县者，更有设郡无县者。

平均每郡不足三县，三县者占全郡数百分之五十五有奇，领两县以下者几及半数，郡制之破碎支离，无有若是之甚者。又如梁天监郡三百五十，县千二十二；北齐天保郡一百六十，县三百六十五；周大象郡五百八，县一千一百二十四，每郡平均亦不及三县。陈州四十二，郡一百九；大象州二百一十一，郡五百八，每州平均不及三郡。天保州九十七，郡一百六十，且不足两郡（以上各数，均见《隋书·地理志》）。分划细碎，不适合于当日社会之实况，诚王应麟所谓的转狭而州益多者矣。

天保七年十一月诏："百室之邑，便立州名，三户之民，空张郡目。"（《北齐书》四）因省州三，郡一百五十三，县五百八十九，是开精简之先河。隋文帝受禅，杨尚希上表云："当今郡县，倍多于古，或地无百里，数县并置，或户不满千，二郡分领。具僚以众，资费日多，吏卒又倍，租调岁减，清干良才，百分无一，动须数万，如何可觅？所谓民少官多，十羊九牧。琴有更张之义，瑟无胶柱之理。今存要去闲，并小为大，国家则不亏粟帛，选用则易得贤才。"（《隋书》四六《杨尚希传》）帝览而善之，遂于开皇三年十二月，废诸郡五百余，扫六百余年州郡县三级之制，以州刺史治民，名则因循，事同郡守，是为郡县制一大变革。

寻以户口滋增，重行析置，计开皇、仁寿间原北朝域内增州五十六，废州十三，两者相比，尚赢四十三，合诸平陈后所置五十七州（废玉、洭、韶三州不计），共数三百。刘炫所谓"今州三百"（《隋书》七五《刘炫传》），其总允符。追大业三年，改州为郡，刺史为太守，益事并省，名虽同于隋前之郡，实则无异开皇之州。而以郡统县，表面又略类乎秦制。总计当日存郡百九十，三分省一；县一千二百五十五，平均每郡领六县以上，其辖境视文帝时扩大，是为隋代之第二次改革。

附表　《隋书·地理志》九州郡县分配数目表

州别	领郡数	领县数	平均每郡领县数*
扬	四四	二六九	六
梁	三四	二二三	六
冀	三一	二二一	七
雍	二八	一四六	五
荆	二二	一二二	五
豫	一六	一三九	八
兖	六	五七	九
徐	五	四〇	八
青	四	三六	九
合计	一九〇	一二五三	七

*作者计算时只取整数。

说明　《地理志》云，"郡一百九十，县一千二百五十五"，上表只得一千二百五十三县，比志少二数。又隋世并非行九州之制，修史者泥于《禹贡》九州，遂将各郡强行分配，以致背于现实，读隋史者应毋泥视之。

刘秩云："隋氏罢中正，举选不本乡曲，故里闾无豪族，井邑无衣冠。"（《通典》一七）又："旧周、齐州郡县职，自州都、郡县正已下，皆州郡将、县令至而调用，理时事。至是，不知时事，直谓之乡官，别置品官，皆吏部除授。"（《隋书》二八）开皇三年，至十五年，并罢州县乡官。（同上）换言之，"六品以下官吏，咸吏部所掌。自是，海内一命以上之官，州郡无复辟署矣"（《通典》一四）。此又隋代中央集权之施于用人者。

官制为政治运用之工具，兹并类及之。

北周官制复古，名不尽传。隋废周之六官，制名多依前代之法。政权揽于尚书省，置令及左、右仆射各一人，总吏部、礼部、兵部、都官、度支、工部六曹事，每曹设尚书一人，合左、右仆射，是为八座。次于仆射者为门下省（即秦、汉之侍中）之纳言（二人），内史省（汉为中书，周改内史）之令（二人）。开皇三年，改度支为民（非户）部，都官为刑部。

开皇三年，制刺史、县令三年一迁，佐官四年。十五年十二月，诏文、武官以四考交代。

官阶凡九品，品各有正、从，禄给皆以春秋二季，京官、外官各不同。

京官：凡食封官不判事，及九品皆不给禄，余分为十六级：

（一）以百石为差者七级。正一品九百至正四品三百石。

（二）以五十石为差者四级。从四品二百五十至正六品一百石。

（三）以十石为差者五级。从六品九十至从八品五十石。

外官：唯刺史、二佐（长史、司马）及县令给禄，依当州、当县户数为九等之差。

官	等差	一	二	三	四	五	六	七	八	九
刺史	四〇石	六二〇	五八〇	五四〇	五〇〇	四六〇	四二〇	三八〇	三四〇	三〇〇
县令	一〇石	一四〇	一三〇	一二〇	一一〇	一〇〇	九〇	八〇	七〇	六〇

京官、外官各有职分田，又给公廨钱以给公用，唯禁出举收利。

宰相制度之屡变

/ 岑仲勉 /

唐承隋旧，以尚书、门下、中书三省长官（定制尚书令一员，侍中、中书令各二员）为宰相，位高者晋三公（太尉、司徒、司空）共议国政，然常不全置。武德初，太宗尝为尚书令，自后臣下避不敢居，使其副左、右仆射代之，此宰相名位之一变。

官位循资而升为一般原则，苟官位未至，则虽有才识，不得与于参决大政之列，旧制之缺点一也。资位高者年龄常较高，保守性亦较重，事事因循，缺乏祛除积习之勇气，旧制之缺点二也。太宗盖有鉴于此，故量谋变通，如杜淹以检校吏部尚书参议朝政（贞观元年），魏徵为秘书监参与朝政（三年），萧瑀为御史大夫参议朝政，戴胄为检校吏尚，侯君集为兵尚参与朝政（四年），萧瑀以特进参与政事（九年），刘洎为黄门侍郎参知政事（十五年），岑文本为中书侍郎专典机密（十五年），皆非三省长官而得参大政。然名称有划一之必要，故贞观十七年萧瑀为太子太保（从一品），李世勣为特进（正二品），并称"同中书、门下三品"，因侍中、中书令皆三品故也。唯仆射本二品，自贞观之后，仆射不带此称者仅知其本省之事[1]，换言之，尚书省长官至此已完全退出宰相之列，所任者只执行之职务。同时，非两省长官（侍中、中书令）而令预知政事者，必加"同中书、门下三品"之衔称，迨大历二年，侍中、中书令同升正二品，"同三品"之称遂不复用，此宰相名位之再变。

---

[1] 《唐会要》五七云："尚书左右仆射，自武德至长安四年以前，并是正宰相。初，豆卢钦望自开府仪同三司拜左仆射，既不言同中书门下三品，不敢参议政事，数日后，始有诏加知军国重事。至景云二年十月，韦安石除左仆射。东都留守，不带同三品，自后空除仆射，不是宰相，遂为故事。"《大唐新语》一〇、《南部新书》甲及《通鉴》二〇八略同。按《新唐书》六一，龙朔二年后单除左右匡政（仆射改名）者不入《宰相表》，光宅元年后文昌左右相（亦仆射改名）之入表者必带同三品，此《唐会要》谓长安四年前仆射仍是正宰相之失也。又《新唐书·宰相表》称：神龙元年五月甲辰（廿六日），唐休璟为尚书左仆射，豆卢钦望自特进为右仆射，同中书门下平章事；六月癸亥（十六日），钦望军国重事、中书门下平章事；如果钦望先除仆射时已同平章事，何须再加军国重事之名？今考《通鉴》二〇八，实是"甲辰，以唐休璟为左仆射，同中书门下三品如故；豆卢钦望为右仆射"。钦望初时祇空除仆射，《新唐书·表》此处亦误。至《旧唐书》九〇及《新唐书》一一四《钦望传》均称拜左仆射，乃后来所迁，盖略言之。

复考《新唐书·表》，贞观廿三年九月李勣为左仆射，永徽二年八月张行成为右仆射，于志宁为左仆射，三年九月褚遂良为左仆射，均加同中书门下三品，以后刘仁轨、戴至德都是如此，更可证实自高宗继位起，仆射已非宰相，而《新语》《唐会要》《通鉴》之记载为不确。

永淳元年，黄门侍郎郭待举、兵部侍郎岑长倩、秘书员外少监郭正一、吏部侍郎魏玄同并与中书、门下同承受进止平章事，同年，黄门侍郎刘景先同中书、门下平章事，自后非侍中、中书令而执政者，率称同中书门下平章事，此宰相名位之三变。

天宝之乱后，充宰相者如资望稍浅，率以中书侍郎、门下侍郎（即两省之副）或他官同中书门下平章事，中书令、侍中两官常阙而不设。就班列言，侍中居中书令之前，就权力言，侍中在中书令之下，《通鉴考异》一二谓"天后、中宗时侍中疑在中书令之上"，于唐代官制，尚欠深究，别于《〈通鉴〉正误》辨之。

两省及其首长、副贰之名称，又经过几次改变，今以下三表说明之：

（甲）门下、中书两省改名表

武德元年	武德三年	龙朔二年	咸亨元年	光宅元年	神龙元年	开元元年	开元五年
门下省		东台	门下省	鸾台	门下省	黄门省	门下省
内史省	中书省	西台	中书省	凤阁	中书省	紫薇省	中书省

（乙）侍中、中书令改名表

武德元年	武德三年	龙朔二年	咸亨元年	光宅元年	神龙元年	开元元年	开元五年	天宝元年	至德二年
纳言	侍中	东台左相	侍中	纳言	侍中	黄门监	侍中	左相	侍中
内史令	中书令	西台右相	中书令	内史	中书令	紫薇令	中书令	右相	中书令

（丙）两省侍郎改名表

武德元年	武德三年	龙朔二年	咸亨元年	垂拱元年	神龙元年	开元元年	开元五年	天宝元年	至德二年	大历二年
黄门		东台	黄门	鸾台	黄门			门下	黄门	门下
内史	中书	西台	中书	凤阁	中书	紫薇	中书			

当此各个时期，随曹名改变充宰相者遂有"同东西台三品""同凤阁鸾台三品"之别称。

真宰相之数，通常只四五员，景云元年六七月间，乃多至十七人〔李峤、韦安石、苏瑰、唐休璟、张仁亶（即仁愿）、张锡、裴谈、刘幽求、李日知、薛稷、姚元之、韦嗣立、萧至忠、赵彦昭、崔湜、崔日用、岑羲或宋璟〕，是为例外。若左右仆射当光宅元年至神龙元年间，曾易名文昌左右相，又开元元年至天宝元年间，曾易名左右丞相，均有相之名而无相之实。

三省职掌之大别，计中书草拟诏敕、批答，经门下省审查无误，下于尚书省行之，署名先后，可举建中元年及三年朱巨川告身为示例（见《金石萃编》一〇二），凡国家重事，宰相亦常自起草（参《张曲江集》《陆宣公集》及《会昌一品集》便见），而大部分则责诸中书舍人，舍人凡六员，正五品上。开元之末，中书务剧，文告多壅滞，始置翰林学士，选文学者充任，专掌内命，如拜免将相、号令征伐之类。然只是差遣，与舍人之为职官者迥异。自是讫大历，任员无多，德宗以后，厥任始重，礼遇益隆，时人至号为内相。宪宗即位，始选学士中一人为承旨，宰相之任用，多出于其间。又拣宦官二人传达口命,谓之枢密使(即宋代枢密使所本)。学士不拘资历,上自诸曹尚书,下迄校书郎,皆得充,其阶未至或高于中书舍人者,往往加"知制诰"之衔(《新唐书·志》四〇言"未知制诰者不作文书",大误)。兹列德宗至懿宗朝翰学与宰相统计比较表如次(其详可参拙著《翰林学士壁记注补》及《补唐代翰林两记》):

朝	翰学数	位至宰相之数	百分数
德宗	二一	七	三二
顺宗	二	〇	〇
宪宗	二〇	九	四五
穆宗	一一	五	四五
敬宗	四	一	二五
文宗	二七	七	二六
武宗	一三	六	四六
宣宗	二六	一〇	三八
懿宗	三〇	八	二七
总计	一五四	五三	平均三四

武德、贞观时代,已有以外官兼任宰相或宰相兼任外官者。(如《新唐书》六一,武德二年,黄门侍郎、凉州总管杨恭仁遥领纳言,又贞观元年八月,中书令宇文士及检校凉州都督。)天宝以后,此风益盛,通谓之使相。就事实言,可分为性质不同之两类:(甲)本为宰相,因事奉使外出(如至德元年十一月,崔涣为江南

宣慰使），或出兼外官（如广德至大历间之王缙），回朝时仍可知宰相之事者。（乙）方镇官已高，乃加宰相虚衔以宠之（如至德元年八月，郭子仪为灵武长史，李光弼为北都留守，并同平章事），即来到京师，仍不能知宰相之事者，此项授官，晚唐至滥，通常加"检校"字样以示别。（《容斋三笔》载，光启三年十一月中书门下牒，列检校左仆射一人，检校司空八人，检校司徒八人，检校太保三人，检校太傅一人，检校太尉三人，检校太师一人，皆带平章事；检校太师兼侍中一人。）

说至此，吾人更须知唐代将相并无显然之分途，武后朝如岑长倩、张光辅、娄师德、张仁亶、狄仁杰、唐休璟、魏元忠，皆以宰相而提兵，其例甚多。后此，玄宗朝有薛讷、王晙、张说，肃宗朝有房琯、张镐，与夫裴度之平淮蔡，白敏中之征党项，都是科举文人而出将入相（属于唐末者不再详举）[1]，未见得边镇大帅"非番将莫能胜任"[2]。抑德宗之后，宰相拔自翰林学士者固多，但以番族而

---

[1] 其中娄师德、裴度、白敏中为进士，狄仁杰、唐休璟、王晙为明经，张说制科，魏元忠太学生，房琯弘文生，此外长倩、光辅、仁亶、讷、镐五人，从其仕历观之，亦是文人无疑。

[2] 陈寅恪《唐代政治史述论稿》云："李氏据帝位，主其轴心，其他诸族入则为相，出则为将，自无文武分途之事……至于武曌，其氏族本不在西魏以来关陇集团之内，因欲消灭唐室之势力，遂开始施行破坏此传统集团之工作……关陇集团本融合胡汉文武为一体，故文武不殊途，而将相可兼任，今既别产生一以科举文词进用之士大夫阶级，则宰相不能不由翰林学士中选出，边镇大帅之职舍番将莫能胜任，而将相文武番汉进用之途，遂分歧不可复合。"（四八一—四九页）吾人读此，须注意武后时未设翰林学士，开元末始有此称，终肃、代之世，尚非重用，德宗后乃渐得势，上去武后已七八十年矣。

第四章　隋唐：鼎盛

位兼将相者，天宝后却有李光弼、李正己、李宝臣、李抱玉、李光颜、李克用、王思礼、王镕、仆固怀恩、乌重胤、浑瑊等十一人。反之，太宗时番将虽不少，并无一人做过宰相。所谓将相番汉进用之途遂分歧不可复合者，殊无以解于上述之事实也。

中唐后经济困难，又尝以宰相兼知财政，如判度支、勾当度支、勾当转运租庸度支，皆其务也。此外如太清宫使、太微宫使、集贤殿大学士、监修国史等，亦常为晚唐真宰相之带衔，无关实权，故不繁记（晚唐首相常兼太清宫使，次弘文馆大学士，次监修国史，又次集贤殿大学士，见《退朝录》）。

吏部之考功郎中主判京官考，员外郎判外官考（见旧、新《官志》），宰相亦在被考之列[1]。李德裕尝与武宗言："开元初，辅相率三考辄去，虽姚崇、宋璟不能逾。至李林甫秉权乃十九年，遂及祸败。是知亟进罢宰相，使政在中书，诚治本也。"（《新唐书》一八〇《李德裕传》）朱礼云："独不言房玄龄相太宗十八年[2]，魏徵亦十四年，何害其为治哉？"（《事笺》一）因讥德裕

---

[1] 《旧唐书·李渤传》，穆宗立，召渤为考功员外，元和十五年十一月定京官考，不避权幸，《新唐书》传言，渤上奏宰相萧俛、翰林杜元颖等不能先事谏幸骊山，请考中下（考凡九等，职事粗理善最不闻中为中下），似员外郎亦可考京官，但今《张曲江集》附载考词，只具郎中名，是渤仅奏请，非由彼判考也。九龄在中书令及尚书右丞相两任内之三次考绩，均附御注考词，并考中上（有一最以上而兼有一善，或无最而有二善为中上），可见唐中以前，考课之法，尚属慎重。

[2] 按玄龄于武德九年七月入相，贞观十七年七月，以母丧罢，同年十月即起复，廿二年七月卒于位，相太宗实后先廿三年。

言论苟发，不当事理。然须知驾驭之术，存乎其人，有太宗之英明则可，不能一概而论也。士大夫习性，往往徇私恩而轻公义，当国太久，门生故吏，或布满朝廷，即宰相有过，不敢言或不愿言，更无论植党营私，酿尾大不掉之弊矣。亟进退则人思有为，可减少日久玩生之偏差，故德裕之论，亦适合于旧日之中国。

最后，侍中等职何以转为宰相之任，亦有寻究之必要。元朱礼云："唐以中书、仆射、侍中为三省官，此盖汉世宦官亵臣之称[1]，而以命宰相，此儒者所以讥也。"（《事笺》一）余按周金铭参与王之颁奖者"宰"最多见[2]，又"善夫"可出纳王命[3]，宰之义为屠杀，最初当是代游牧部落酋长司宰牲之专艺，膳夫则供奉饮食，维时宦制未兴，助酋长为理者无非四周执事之人。《元史·兵志》云："预怯薛之职而居禁近者，分冠服、弓矢、食饮、文史、车马、庐帐、府库、医药、卜祝之事，悉世守之。虽以才能受任，使服官政，贵盛之极，然一日归至内庭，则执其事如故。至于子孙无改，非甚亲信，不得预也。"职是之故，蒙古圣旨必署当值怯薛之名字。吾人试上溯西周，下观蒙古，相隔二千年而大致相似，自无怪乎中古命相之不伦矣。

---

[1] 应劭《汉官仪》云："侍中，左蝉右貂，本秦丞相史，往来殿中，故谓之侍中，分掌乘舆服物，下至亵器、虎子之属。武帝时，孔安国为侍中，以其儒者，特听掌御座唾壶，朝廷荣之。"（《语林》八："虎子，溺器也。"）段成式《酉阳杂俎》续云："侍中，西汉秩甚卑，若今千牛官。"（千牛侍卫军始自后魏）

[2] 见颂鼎、师汤父鼎、吴彝、师遽彝、寰盘、蔡簋、望簋、师嫠簋、害簋等器。

[3] 见大克、小克二鼎。

门第之见与郡望

/ 岑 仲 勉 /

"夏、殷不嫌一族之婚,周世始绝同姓之娶。"(《魏书·高祖纪》)自周以降,严族姓之别,原夫初意,以为"男女同姓,其生不蕃"(《左传·僖公二十三年》)[1]。实只维持人口之滋生;

---

[1] 摩尔根说:"非血缘氏族的成员间的婚姻,产生了在肉体上及智力上更强健的人种;两个进步的部落混合在一起了,新的一代的头盖与脑髓便自然而然地扩大起来,直到他们综合了两个部落的能力为止。"(据恩格斯《家庭、私有制和国家的起源》,人民出版社一九五五年版四五页引)《家庭、私有制和国家的起源》又言,希腊除与女承继人结婚以外,禁止氏族内的结婚(九六页),罗马在氏族内亦不得通婚,在名字保存的罗马夫妇中,没有一对是氏族相同的(一一七页)。可见男女同姓其生不蕃此一说,古今中外,大致相同。近年有人以为"说同姓结婚,所生出的后代,会不健康,是没有科学根据的",又以为"在近代的遗传学上,的确血缘接近会其生不蕃,但是也会有其生甚蕃的"(分见一九五〇年九月十八及二十九港《大公报》)。相隔十余代,此一定律之影响亦许微乎其微。唯是古人立言,常为群体说法,非为个别说法,如果说隔了数代便无相干,则血缘婚或骨肉婚即难根本革除。安德曼群岛近代人口日少,说者多归咎于其婚姻之血缘太近,古人不能预见到后世交通之发展,另一方面,同姓不婚亦未有如何不利,故索性把氏族不同立为婚姻界限,自系为防弊起见。抑依精密计算,蕃或不蕃绝不是限于两三代而止,应延到十代八代,"蕃"亦与遗传性之好坏异趣。总之,此一定律,可信系经过古人长远的但是粗略的统计而建立起来,还有其相当的价值。

如《毛诗·陈风》云："岂其取妻，必齐之姜？""岂其取妻，必宋之子？"正侧重血统而非侧重族姓之反映。

我国经过多回落后部族之侵入，始终能自葆其原有之文化，不特不同化于外人，而入侵者反为汉族所同化，此非有其特立自存的精神，不能臻此。《通志·氏族略》一云："自隋、唐而上……家之婚姻，必由于谱系。"其习俗自是由上古传下。及拓跋氏入主，山东士门不愿与异族为婚，混乱血统，其主张门第婚姻，实蕴含着抗外思潮[1]，不应单凭表面形象，只看作阶级意味。唯是经过百余年后，鲜卑统治者力求汉化，"门第"之名称虽同，实质已多少嬗变，流弊为声价自高，婚姻买卖，武德之初，高祖言"关东人与崔、卢为婚，犹自矜伐"，又，"贞观十二年正月十五日，修《氏族志》一百卷成，上之。先是，山东士人好自矜夸，以婚姻相尚，太宗恶之，以为甚伤教义，乃诏……普索天下谱牒，约诸史传，考其真伪，以为《氏族志》，以崔幹为第一等。书成，太宗谓

---

[1] 友人说柳诒徵曾提出此一意见，唯未得读原文。加藤繁《中国经济社会史概说》称，东晋后分开民族为旧门、后门、勋门及役门，旧门为最贵，亦称甲门或旧族，系由来最古的大族。婚姻仅能行于门第相当者之间，有官位而门第卑微者不能与世族做对等交游。五胡之乱，北方名族虽多移于南方，然最有力者仍停留而死守先茔，严守家风之坚，视南朝有过之而无不及，如范阳卢、荥阳郑、清河博陵之崔等即其代表。彼辈之受社会尊重，虽与南朝相近，但在官界之势力则远不及南朝。世族何以得被推重，加藤氏以为五胡之乱仅豪宗大族能在此大骚动时期得保存其家，不但自己表异，他人亦因而尊敬之，另一面则对照五胡之异种而夸示汉人神明之遗胄，于是产生尊崇旧族世家之结果云云。余个人近年所见，略与暗合。

曰，我与山东崔、卢家[1]岂有旧嫌也？为其世代衰微，全无官宦、人物，贩鬻婚姻，是无礼也[2]，依托富贵，是无耻也，我不解人间何为重之？……何因崔幹为一等？列为第三等。"（均《唐会要》三六）又《旧唐书》六五《高士廉传》述太宗言："祇缘齐家惟据河北，梁、陈僻在江南，当时虽有人物，偏僻小国，不足可贵，至今犹以崔、卢、王、谢为重……见居三品以上，欲共衰代旧门为亲，纵多输钱帛，犹被偃仰。"十六年六月又诏："问名惟在于窃赀，结缡必归于富室，乃有新官之辈，丰财之家，慕其祖宗，竞结婚媾，多纳货贿，有如贩鬻，或贬其家门，受屈辱于姻娅，或矜其旧族，行无礼于舅姑……其自今年六月禁卖婚。"（《唐会要》八三）其后，高宗显庆四年，因李义府之请（义府为子向旧族求婚不得），复诏言，后魏陇西李宝、太原王琼、荥阳郑温、范阳卢子迁、卢浑[3]、卢辅、清河崔宗伯、崔元孙、前燕博陵崔懿、晋赵郡李楷，凡七姓十家[4]，不得自为婚姻[5]。自今以后，嫁女受财，三品以上不得过绢三百匹，四五品不过二百，六七品不过一百，八品以下，不过五十，皆充所嫁女货妆等用，其夫家不得受赔门之财，经此两朝迭禁，其衰宗落谱，皆称禁婚家，益自矜贵，互相聘娶

---

[1] 《旧唐书》六五作"崔、卢、李、郑"。
[2] 即《颜氏家训》一之"卖女纳财，买妇输绢"。
[3] 《会要》八三作卢浑。
[4] 《新唐书》九五云"后魏太和中，定四海望族，以宝等为冠"，见《隋唐嘉话》。
[5] 犹言此李、王、郑、卢、崔等不得互为婚姻，非谓同姓为婚也。

（参《唐会要》八三及《新唐书》九五）。故如李敬玄三娶皆山东旧族（《旧唐书》八一），敬玄固高宗宰相，所行已如此，则其他可知。又贞元中柳芳序四姓世族，仍先山东（《唐会要》三六），无怪乎文宗有"民间修婚姻，不计官品而上阀阅，我家二百年天子，顾不及崔、卢耶？"（《新唐书》一七二《杜兼传》）之慨语也。然太、高两朝之意，无非禁其贩鬻婚姻，未尝妨其发展，陈寅恪乃谓："对于中原甲姓，压抑摧毁，其事创始于太宗，为李唐帝室传统之政略。"（《李唐氏族之推测》）然陈氏又谓李唐为赵郡冒牌（见前一节），果如此说，则太宗乃推抑其冒牌之族，于论难通，则不如缪凤林所辩："崇尚门地之习，初未因是而衰，唐宰相三百六十九人，崔氏十房独有二十三人，则压抑摧毁云云，似亦未可概论。"（《通史纲要》三册一八八页）立论更为明达。

由上文所综述，当日山东门第有如下的特点：（一）它非如前朝之四世三公，以官宦、名流自豪，宰相郑覃之孙女，只要嫁给一个姓崔的九品官，故太宗谓其"全无官宦、人物"；（二）它包括士、农、工、商各界人物，不一定是富户，不能算作一个特殊阶级；（三）它并不是依附统治者来压迫人民，故终唐一代，赵郡之李反比陇西之李为可贵，他们总不愿与皇室结亲，而受到唐朝的干涉；（四）它是婚姻性的产物，不是政治性的产物。其所以得到一般仰慕，要点在于能保持"礼教"，"礼"即汉族相传之习俗，所以能够保持，就在于少混血。简言之，"山东门第"者比较未大接受五胡族的熏染之姓氏而已。

第四章　隋唐：鼎盛　　133

抑门第起于姓氏，姓氏之严别又起于同姓不婚（即生产力问题），周人所谓"姓"（甲文无"姓"字），种族之分也。其著者数不过十，姬、子、姜、嬴、芈，皆姓也[1]，孙以王父字为氏（《公羊传·成公十五年》），或以国，以邑，以名，以官，取义不一途，孔、陈、周、孟孙、叔孙，皆氏也，易世则氏可变而姓终不变，同姓者不尽同氏，而同氏者亦不必同姓。大抵宗支之别，突厥族最为分明，哈萨克人详陈世系时，得为下列之方式：

突厥种（race）——哈萨克族（nation）——中斡儿朵（orda）——钦察氏（tribe）——某某宗（clan）——某某支宗（sub-clan）——某某房（branch）——某某支房[2]

汉族别大宗、小宗，说者已视为繁缛，以比突厥，则犹觉甚

---

[1] 参《东方杂志》四一卷三号四〇页拙著《揭出中华民族与突厥族之密切关系》。
[2] 参《民族学集刊》六期四九页拙著《突厥族的古代文化》。又袁复礼《新疆之哈萨克民族》云："哈萨克人皆能口述其家谱，于旅行中过他人帐幕留宿时，经主人询问，则背述无遗，以证其确有根底。"（《禹贡》七卷一期三七页，并参三九页所列出之族谱）袁氏又云：哈人同族不相婚嫁，其婚姻为族与族之结合（同上四一页）。唯马长寿云："游牧封建社会的主要单位组织是家族群体，家族在部落中制（？）行着最大的功能，这一点跟农业封建社会之强调氏族功能，颇不相同。……那么，我们也可以明了为什么许多游牧人只有名子（？）没有姓氏。"（《中国兄弟民族史》一一页）按所言属于组织作用，并不是游牧人无族系分别，且并不是凡游牧人都"没有姓氏"，或者只某些族类（如蒙古）无哈萨克之详细，因为前引两说，皆由调查所得而说恰相同也。

简矣。齐姜，余曾证其为突厥族[1]，崔、卢又春秋时姜姓著称之二氏，突厥聘妇，须纳厚礼，崔、卢之重视门第及嫁女受财，岂其犹葆突厥旧俗而流风被于他氏欤？

战国缭乱，人户流离，汉高已不自知其姓，后此人各以氏代姓，今所谓"姓"，即古所谓"氏"，是为我国种族混乱之第一次大变。所幸战国至汉，各地陆续建设郡县，郡县大约依古代各氏族之住地为区域，人口即有迁徙，犹能各举其原籍之郡名以作标识，如太原、陇西、安定、南阳、清河等，皆后世所谓郡望也。单举姓氏以为称，未识世系之同异，郡望即别宗支之一法，然历传愈久，胤裔愈多，则旧望之中，又生新望，故同一姓（氏）而郡望有多至三四十者（唐时张氏有四十三望，王氏有三十二望）。姓（氏）虽同而望不同，则几与异姓无异，即如前引显庆四年之诏，由今人言之，只有李、王、郑、卢、崔五姓，而诏曰七姓者，因李有陇西、赵二望，崔有清河、博陵二望，唯郡望不同，故别为二姓。

一姓常不止一望，举其著望，则目为故家（如李积自称陇西李积），举其不著，则视同寒畯，攀附宗枝之习，于是乎起。李敬玄，谯人，而与赵郡李氏合谱（《旧唐书》八一），张说，洛阳人，而越认范阳，王缙望太原，而越认琅邪[2]，此三人皆宰相也，犹必冒认名宗，正所谓势利之见，贤哲不免，又何怪韩愈或称昌

---

[1] 参《东方杂志》四一卷三号四〇页拙著《揭出中华民族与突厥族之密切关系》。
[2] 《史语所集刊》八本四分五六三页拙著《贞石证史》。

黎，或称南阳，致后世考证家聚讼不已耶[1]。质言之，唐人冒宗，乃郡望统一之滥觞，五代再乱，人并郡望而忘之，由是李姓唯号陇西，王姓只知太原，同氏者便认同宗，不同氏者便如异宗，是为我国种族混乱之第二次大变。族姓之歧见，虽消灭于上层，又移植于下层，此论汉族发展史所不可忽视之一点。

唐人更有不同姓（氏）而相认为族者，杜甫称唐使君、刘判官为族弟（《少陵集》二一注），吕温《上族叔齐河南书》，齐河南即齐映，齐、吕两姓，依旧说同出于齐姜，故温称映曰族叔[2]，又韩愈《送何坚序》"何于韩同姓为近"（《昌黎集》二〇），盖古风之仅存者。

---

[1] 同上九本五四—五七页拙著《唐集质疑》。

[2] 《史语所集刊》九本三五三—三五四页拙著《读全唐文札记》。

进士科抬头之原因及其流弊
/ 岑 仲 勉 /

太宗用人，虽不定各当其才，要可说绝无界限，此一点就其命相观之，即显而易见。今试依《新唐书》六一《宰相表》，从即位日起至临终日止，计曾居相位者共二十五人，就中如许敬宗、褚遂良同籍杭州，江左派也。王珪（太原人）、温彦博（并州人）、张亮（郑州人）、李世勣（滑州人），河东与河南之编氓也。高士廉（北齐之后）、房玄龄（临淄人）、封德彝（渤海人）、魏徵（魏州人）、戴胄（相州人）、侯君集（幽州人）、马周（博州人）、高季辅（德州人）、张行成及崔仁师（均定州人），又皆来自山东区域者也。他如刘洎（江陵人）、岑文本（南阳人），与西魏旧朝亦未见有密切关系。尤其是马周以布衣上书，三命召见（《隋唐嘉话》），卒登相位。计上举十八人，已占宰相总数十分之七强，宁能谓太宗保持着"关中本位政策"乎？[1]抑太宗不特任相如此，命将亦然，列传具在，可以覆检，此处不必繁叙。

"关中本位政策"或称为"关陇集团"，以谓则天本家不在此集团之内，故蓄意破坏而代以新兴进士。殊未知初唐已优待太原元从（参《唐会要》四五），太原不属西魏范围，如当时果持此一政策，是从龙之辈已受排斥，其立说脱离现实甚明。抑武后父士彟武德元年官库部郎中，实握财政出纳权，且是"恕死"者十六人之一（同上引），岂武后亦打击其本家耶？为此论者无非太重视长孙无忌贬死之一事，然无忌之死由于不党武后，许敬宗非关陇人，却获宠任，可比观也。

一姓崛起，多破格录用其辅佐立功之人（唐时称为"元从功臣"），是任何兴朝所必然，非李唐之特有。然而阅时稍久，元佐凋零殆尽，不能不别谋选举之方，亦事势应尔。自唐兴以至高宗之末（618—683），历六十余年，已脱离开国时期，正应用人复上轨道——即循资之日。奈武后任事率情，好恶无定，终其临朝之日，计曾任宰相七十三人，内包三十八姓；除去两《唐书》未立

---

[1] 陈寅恪《唐代政治史述论稿》称："自高祖、太宗创业至高宗统御之前期，其将相文武大臣大抵承西魏、北周及隋以来之世业，即宇文泰'关中本位政策'下所结集团体之后裔也。自武曌主持中央政权之后，逐渐破坏传统之'关中本位政策'，以遂其创业垂统之野心……而西魏、北周、杨隋及唐初将相旧家之政权遂不得不为此新兴阶级（进士科）所攘夺替代。"（一八——九页）

专传者约占四分之一[1]，出身非进士、明经或不明者约占七分之三外[2]，确知为进士或明经出身者只各得十一人[3]。最突出之例厥为韦什方，由嵩岳山人一跃而做相，破格则诚破格矣，然尚未见有偏向进士科之痕迹[4]。抑武后过事残戮，每欲见好士林，借图挽救，故举人无论贤不肖，咸加擢拜，大置试官以处之（试官者非实官之谓），致当时有"补阙连车载，拾遗平斗量"之谚。中宗复辟，权落韦后，常用墨敕、斜封除授，有员外、检校、试摄、判知种种名称，最多者比原额数逾十倍，时人称为三无座处（《通典》十九，指宰相、御史及员外官），仕途之滥已极。

政治不走上轨道则已，如其走上轨道，则泛滥之破格，实不可

---

[1] 即郭待举、韦弘敏、王德真、李景谌、骞味道、沈君谅、崔詧、王本立、任知古、裴行本、袁智弘、王璿、韦什方（赐姓武，又称武什方）、孙元亨、李道广、房融等十六人。

[2] 即刘景先（又名齐贤）、岑长倩、刘祎之、武承嗣、韦方质、苏良嗣、韦代价、张光辅、范履冰、邢文伟、武攸宁、傅游艺、史务滋、宗秦客、乐思晦、欧阳通、杨执柔、李游道、崔神基、崔元综、李元素、韦巨源、豆卢钦望、王孝杰、王方庆、王及善、武三思、姚元崇（字元之，后单名崇）、魏元忠、张锡、李怀远、顾琮、李迥秀、朱敬则等三十四人。

[3] 进士为魏玄同、韦思谦、娄师德、苏味道、周允元、宗楚客、李峤、吉顼、韦嗣立、张柬之、韦承庆等。明经为裴炎、格辅元、狄仁杰、李昭德、姚璹、陆元方、杨再思、杜景俭（或作景佺，参《通鉴考异》一一）、韦安石、唐休璟、崔玄暐等。

[4] 同前《述论稿》又称："及武后柄政，大崇文章之选，破格用人，于是进士之科为全国干进者竞趋之鹄的。"（一九页）按陈说已辨见本文，若《唐摭言》所云"进士科……盛于贞观，缙绅虽位极人臣，不出进士者终不为美"，亦不足据。

以经久。盖偶然破格，固任何时代所不免，而一般循资，则为任何时代所不能打破。更析言之，政务上之破格，有时或收效甚宏，常务而破格，势必引生不良之后果。在封建时代，人人得躐阶而进，更无异于奖励钻营，姚崇上玄宗十事，其一即请停罢斜封、待阙、员外等官，开元初叶所以致治，未始不由于此。

用人之正当方法，较古者为选举，然不能如今时普选之先行发动民众，结果常权操著姓，对封建统治阶级许多不利，故渐归淘汰。

次是学校。贞观五年以后，国学生八千余人（《唐会要》三五），可谓盛极一时。然而国学、太学所教，都属贵族子孙，四门虽有收容庶人子之条文（均《旧唐书》四四），为数有限。且封建时代财政紊乱，取于民者虽多，大半由官吏中饱，俸禄犹或不给，更安有余力供养莘莘之士子。

"天下英雄入吾彀中"（语见《唐摭言》），本封建统治阶级集权之目的，行科举则国库不须负担巨额开支，同时又可收中央集权之实利，选举、学校被科举所排，正专制政体发展最适合之转进。

唐代科举法，最隆重者曰制科，名目繁多，随时不同。肇于贞观[1]，称制科及第者著于显庆[2]，犹清代"博学鸿词""经济特

---

[1] 《旧唐书》三，贞观十一年四月，"诏河北、淮南举孝悌淳笃，兼闲时务，儒术该通，可为师范，文辞秀美，才堪著述，明识政体，可委字人，并志行修立，为乡闾所推者，给传诣洛阳宫"。十五年六月，"诏天下诸州举学综古今及孝悌淳笃、文章秀异者，并以来年二月总集泰山"。又十七年五月，"手诏举孝廉茂才异能之士"。
[2] 《唐会要》七六，"显庆三年二月，志烈秋霜科韩思彦及第"。

科"之类；已中进士，亦应制科，且有一应、再应者[1]。入选之人，每次不过三数名，又非岁岁举行，对仕途无如何影响。

此外尚有秀才、明经、进士、明法、书、算六项；秀才科最高，贞观后因事废绝。[2]明法、书、算三项比较专门，正如《通典》一五称："自是士族所趣向，唯明经、进士二科而已。"今更进一步推阐开元后进士科得势之必然性。

据《通典》一四，隋炀帝始设进士科[3]，只试策问，与明经科相同。高宗调露二年，刘思立奏二科并加帖经，进士又加试杂文（即诗赋），中间或暂有更张，但不久即恢复旧制（参《通典》一五及《唐会要》七六），此为唐代考试进士之常式。由是，可见进士于诗、赋之外，亦兼"经术"[4]。至于两科考试，依《六典》

---

[1] 例如张九龄，神龙二年举材堪经邦科，先天二年又举道侔伊吕科。

[2] 后来称进士曰"秀才"，与此之秀才科名同实异。韩国磐以马周疏请恢复秀才（？）为反对科举制度（一九五四年《厦大学报》文史版一期《唐朝的科举制度与朋党之争》），殊不知秀才即科举之一种，韩氏误。

[3] 韩国磐计房玄龄享年，疑进士科开皇中已出现（《历史教学》一九五五年二号二三页注三四）。按《旧唐书》六六《房玄龄传》："年十八，本州举进士，授羽骑尉。"羽骑尉是何等官，我在《隋书·百官志》还未检出，吾人须注意"本州举"三字，本州举而即可授官，与后来考试权在中央之进士科显有不同，大约进士科经过炀帝一回改制，名则同而实质不同也。

[4] 《述论稿》又称："进士科主文词，高宗、武后以后之新学也，明经科专经术，两晋、北朝以来之旧学也。究其所学之殊，实由门族之异。故观唐代自高宗、武后以后，朝廷及民间重进士而轻明经之记载，则知代表此二科之不同社会阶级在此三百年间升沉转变之概状矣。"（八三页）

所举, 都经过三关, 现作比较表如下:

科目	初试	二试	三试
明经	帖一大经(《礼记》或《左传》)及《孝经》《论语》《尔雅》, 每经帖十条, 能通五条以上者入取	口问大义十条, 能通六条以上者入取	答时务策三道, 取粗有文理者予以及第
进士	帖一大经及《尔雅》, 每经帖十条, 能通四条以上者入取	试文、诗赋各一篇	试时务策五道

两项比观, 明经多帖两经, 似乎较难; 然《孝经》《论语》文字无多, 不难兼习。明经初试之及格标准, 比进士增一条。进士三试策问, 比明经增两道, 所差亦有限。最殊异者在二试, 明经只口问经之大义, 进士乃写诗、赋各一篇, 吾人对此, 首应讨论者两科所习, 是否可以"旧学""新学"为分野[1]? 考诗体溯源于三百篇, 赋体两汉极盛, 初唐诗格仍上继齐梁(元好问《论诗》, "风流初不废齐梁")。乌得谓之"新学"? 永隆二年敕"如闻明经射策, 不读正经, 抄撮义条, 才有数卷"; 开元廿五年敕"明经以帖诵为功, 罕穷旨趣"(均《唐会要》七五); 应明经试者之空疏敷衍, 活画现形。又开元十六年杨玚奏"今之举明经者, 主司不详其述作之意, 曲求其文句之难。每至帖试, 必取年头月尾, 孤经绝句"; 天宝十一载敕"比来试人, 颇非允当, 帖经首尾, 不出前后, 复取

---

[1] 《述论稿》说如此, 引见上页注[4]。

者也之乎，颇相类之处下帖"（同上《唐会要》），考试主司之无聊作风，有同儿戏，究其极则如唐文宗所云："只念经疏，何异鹦鹉能言？"（《南部新书》乙）流弊如此，安得称曰经术？更安得谓由门族之异而所习各殊？

原夫材质、生活，彼此不齐，事务执行，难易有别，国家取士，理应兼顾各方，不能专悬一最高目标，亦不能偏用一特低格式，职是之故，考试方法本来相同之明经、进士两科，遂逐渐发生歧异。然而某种方法施用于某科，只属定制时偶然之性，及其施行稍久，进士优胜、明经落后之趋势，乃得形成。换言之，中唐以后进士科之重用，始属于必然性，其理由如下：

（一）明经"试义之时，独令口问，对答之失，覆视无凭"（《唐会要》七五），不负责任之主司，便不难徇情作弊。进士诗、赋限韵，须自出心裁，比口试专凭默记者，难易有差。而且进士及第人之文策，须送中书门下详覆，防弊之术亦较密。

（二）明经试策只须"粗有文理"，便可取中，可见悬格已低。

（三）"进士大抵千人得第者百一二，明经倍之，得第者十一二"（《通典》一五），又大和四年格，进士不过廿五人，大和八年格，明经不过一百一十人（《唐会要》七六），大抵取录进士之数，平均每年总不过三十[1]，故当时人称"三十老明经，五十少进士"（《唐摭言》）。何况，隋开皇三年以后，海内一命以上

---

[1] 许棠诗"退鹢已经三十载，登龙仅见一千人"（《唐语林》七），系举大数言之。

之官，都经吏部除授（见《隋史》二节），自须安插若干士人；故权德舆云"取明经初不限员"，而一般急于求禄资生者咸出其途，趋之既多，取之就不能不放宽矣。

（四）朝廷典制对于两科升沉，影响亦非常之大。唐承六朝骈俪，高宗后风始渐革，唯是除授制敕，依然保存旧习。诏敕起草者初为中书舍人，玄宗时始渐移其重要部分于翰林学士，机密之件，有时直须宰相执笔。骈文与诗、赋性质相近，若粗有文理之明经，安能胜此？"权德舆为礼部侍郎，擢进士第者七十二，而登宰相者十人，其他征镇、岳牧、文昌、掖垣之选，不可悉数"（《汉唐事笺》后集五），固由德舆衡鉴较精，亦进士能适应上级工作有以致之也。

通前文观之，进士比明经钻研较广，悬格稍高，名额又较少，《通典》所称开元廿四年以后"进士渐难"，自是实情。再从客观方面说，人情都贵难而贱易，社会上当然轻视明经；同时，进士所习能适应于上层工作，仕途上应易于进展。从主观方面说，人而志气低下，不肯奋斗，就会相率走向明经一途；反之，志趣高尚者则虽在寒门，亦必力争上游，不甘落后。由是寒族遂向进士科与贵族做殊死斗争，斗争愈烈，斯发展愈盛，两科孰优孰劣，已造成必然之趋势。

斗争之胜负何如耶？其态势自不难推知，偶遇主政者特殊助力，寒族非无暂时战胜之望，如高元裕奏请"科第之选，宜与寒士，凡为子弟，议不可进"。（见杜牧《上宣州高大夫书》）

武宗追榜，放顾非熊及第，天下寒畯皆知劝（《唐摭言》），昭宗颇为孤寒开路，崔凝覆试，但是子弟，无文章高下，率多退落（同上），是也。然而当封建时代，政治率为反动势力所把持、笼罩，主司恒被其支配，故大中进士多膏粱子弟，平进岁不及三数人（《北里志》），六年崔瑶知贡举，榜出率皆权豪子弟（《语林》三），又咸通中以前，牛、孔数家凭势力，每岁主司为其所制（同上）职是之故，当时进士名额被旧族公卿子弟占去不少，其著者，凤阁王（易从）家自武后至大中朝有进士十八人（《旧唐书》一七八），范阳卢氏自兴元元年甲子起，至乾符二年乙未止，除停举二年外，九十年中登进士者一百一十六人（《语林》四），大和初冯氏进士十人，宿家兄弟叔侄占八人（同上），崔雍兄弟八人、赵橹兄弟五人、李景让兄弟三人皆进士（《金华子》及《语林》四），徐彦若四世进士（《旧唐书》一七九），此外张元夫家有进士七个以上，杨虞卿、令狐楚家各七个，杨於陵、杨收、李宗闵家各三个，结果终是寒族失败。

简而言之，进士科之初立，与明经本无轩轾，经过数次无意中之改制，始造成进士比明经优胜之趋势，非政府原来分科早有如是之企图，从举子来说，应进士或应明经，一方面为社会上意见所范围，另一方面又因个人志趣、能力或家计之不同以决定其选择，寒族虽可借进士科而新兴，旧族却未尝受进士科之影响而堕落（六朝至唐所谓"门第"，并不以官宦为重要标准），进士既多落在世家，如何能说两科各以一定之社会阶级为代表[1]？如何能划分进士科为新兴阶级？

科举之浮华无用，自武后以迄唐末，屡屡有人建言。最早则天授三年（692年）薛谦光疏称："炀帝又变前法，置进士等科，故后生复相仿效，皆以浮虚为贵。"（《通典》一七）次则宝应二年（763年）礼部侍郎杨绾奏："近炀帝始置进士之科，当时犹试策而已。至高宗（原误'祖'）朝，刘思立为考功员外郎，又奏进士加杂文，明经填帖，从此积弊，浸转成俗，幼能就学，皆诵当代之诗；长而博文，不越诸家之集，递相党与，用致虚声……并近有道举，亦非理国之体，望请与明经、进士并停"；疏上后，交廷臣会议，李廙、李栖筠、贾至、严武等均赞成其说（《旧唐书》一一九及《新唐书》四四），李德裕对武宗称，其祖栖筠恶进士"祖尚浮华，不根艺实"（《旧唐书》一八上），即指此事。同时，赵匡亦著论称："主司褒贬，实在诗赋，务求巧丽，以此为贤，不唯无益于用，实亦妨其正习，不唯挠其淳和，实又长其佻薄。"（同前《通典》）更后则会昌间高元裕亦抱"科第之徒，浮华轻薄，不可任以为治"（同前引杜牧书）之见解。上举诸人，绾及栖筠、元裕均进士，是知进士确为朴实者所诟病。然科举苟废，统治者究无良法善其后，此所以延至近世而始绝也。《新唐书》称李德裕"尤恶

---

[1] 同第142页注[4]。

进士"[1]，求其实，只恶浮华之进士，非全屏不用，可于下文论德裕无党一节见之。

科举术语，唐人文字屡见之，今并略揭其重要者：进士及第有状报于朝，名居首者谓之"状头"（如授官称"敕头"，授勋称"甲头"），亦曰"状元"。各州申送举子赴京应进士试曰"解"，因之名居首者谓之"解头"或"解元"。进士通称曰"秀才"（说见前）。得解者曰"乡贡进士"，解而得第者曰"前进士"。同榜及第者曰"同年"（即今所称"五同"之类），主试者曰"座主"。未试前造请权要者曰"关节"（参《唐国史补》及《唐摭言》）。又进士、明经考试，初由吏部之考功员外郎主之，开元廿四年因其位轻，易以礼部侍郎，终唐末不改（《唐会要》五九）。[2]

---

[1] 《唐摭言》三："会昌三年，赞皇公为上相……二十二日，中书覆奏，奉宣旨，不欲令及第进士呼有司为座主，趋赴其门，兼题名局席等，条疏进来者"，是禁称座主等令，纯由武宗发动。《新唐书》四四杂采说部，串为一气，称"武宗即位，宰相李德裕尤恶进士……至是，德裕奏……自今一见有司而止，其期集、参谒、曲江题名皆罢"，益使人误会凡进士皆为德裕所厌恶矣。

[2] 刘开荣云："……不但做不到礼部尚书，掌持文坛（由礼部考试进士）……"（《唐代小说研究》旧版七七页）按考试进士系礼部侍郎专管，与礼部尚书无关。又权德舆出身不由科第，知贡举三年（《语林》四），张弘靖亦非进士而知举（同上八）。韩国磐又云："唐朝考中了进士以后，不是立刻可以得到官职，还须再经过吏部的考试，这叫作省试。"并引韩愈三次省试为例（同前引）。按愈三次省试是应制科之博学鸿词，且均未获隽，其入官由董晋所辟。中进士后无必须应试制科之规定，故贞元九年应者只三十二人（参《韩柳年谱》）。吏部之选，试身言书判而后授职，但不名为"省试"也。

宦官的专横

/ 吕思勉 /

唐朝亡于藩镇，是人人知道的。其实藩镇之祸，还不如宦官之深。为什么呢？藩镇之中，始终抗命的，其实只有河北三镇。其余诸镇，虽也时时有抗命的事情，然而在黄巢作乱以前，显然拒命，始终不能削平的，其实没有，不过外权太重，中央政府陷于威权不振的状态罢了。要是有有为之主，赫然发愤，原未尝不可收拾。然而从中叶之后，也未尝无有为之主，而始终不能振作，则实由于宦官把持朝局之故。宦官所以能把持朝局，又由于他握有兵权之故。所以唐朝宦官之祸，是起于玄宗，而成于德宗的。

唐初的宦官，本没有什么权柄。玄宗叫宦官杨思勖出平蛮乱，又信任高力士，和他议论政治，于是力士"势倾朝野"。权相如李林甫、杨国忠，尚且交结他。至于太子亦"事之以兄"。然而高力士毕竟还是谨慎的。肃宗即位后，宠任李辅国。辅国因张良娣有宠，和她互相结托。后来张良娣立为皇后，又和辅国相恶。肃宗病重了。张皇后想要除掉李辅国，辅国竟勒兵弑后。代宗即位，乃佯尊辅国为尚父，而暗中遣人，把他刺杀。代宗又宠任程元振、鱼朝恩，一味蔽聪塞明，以致吐蕃入侵，兵锋已近，还没有知道，仓皇出走，几乎大不得了。然而这时候，宦官的兵权还不甚大。除掉他毕竟还容易，所以程元振、鱼朝恩，虽然威权赫奕，毕竟各伏其辜。

到德宗从奉天回来，鉴于泾原兵变时候，禁军仓促不能召集；不愿意兵权专归武将；于是就神策、天威等军，置护军中尉、中护军等官，以宦官窦文场、霍仙鸣等为之。又置枢密使，令宦官宣传命令。宦官的势力，从此就根深蒂固了。顺宗即位，东宫旧臣王伾、王叔文，居翰林中用事。引用韦执谊做宰相，杜佑做度支使，韩泰、刘禹锡、柳宗元等参与谋议，想要减削宦官的权柄。派范希朝做神策京西行营使，以收禁军的兵权。而宦官遣人告诸将，"无以兵属人"。希朝到了奉天，诸将没一个理他。兵权收不回来，就弄得一筹莫展。于是宦官借口顺宗有病，逼着他传位于太子，是为宪宗。王叔文等一班人，都遭贬斥。这是士大夫和宦官斗争第一次失败。宪宗即位，也信任宦官吐突承璀，教他带兵去征讨。宪宗太子宁早死，承璀要立澧王恽，而宪宗以恽"母贱"，立遂王宥为太子。宪宗晚年，吃了方士的金丹，躁怒无常，为宦官陈弘志所弑。并杀掉吐突承璀和澧王恽，而立穆宗。穆宗和敬宗，都是荒淫无度的。穆宗性尤褊急，左右动辄获罪，也为宦官刘克明所弑。立宪宗子绛王悟。枢密使王守澄又杀掉刘克明和绛王，而立文宗。文宗即位之初，就用宋申锡做宰相，和他谋诛宦官。宦官诬以谋反，文宗不得已，把宋申锡贬斥。又不次擢用李训、郑注，和他们谋诛宦官。于是正陈弘志弑逆之罪，鸩杀王守澄。郑注先出镇凤翔，谋选精兵入京，送王守澄葬，乘势诛灭宦官。还没到期，李训等就先动手，诈言左金吾殿后有甘露降，派宦官去看，想趁此把他们杀掉。谁知事机泄露，中尉仇士良、鱼弘志就劫文宗入宫，以神策军作乱，杀掉李训和宰相王涯、贾𫗧，凤翔监军也把郑注杀掉（凡监军，都是宦官）。于是大权尽入宦官之手，宰相不过奉行文书而已。这是士大夫和宦官斗争第二次失败。文宗一子早死，立敬宗子成美为太子。文宗病重了，仇士良、鱼弘志矫诏立武宗为皇太弟。文宗崩后，武宗杀太子而自立。武宗还算英明，即位之后，渐次夺掉仇士良的权柄。然而武宗也没有儿子。武宗病重，中尉马元贽等定计，立宣宗为皇太叔，武宗死后即位。宣宗留心政治，唐朝人称为"小太宗"，然而也并没夺掉宦官什么权柄。宣宗长子郓王温，无宠。临朝时候，把第三个儿子夔王滋属托枢密使王归长。左军中尉王宗实，又靠着兵权迎立懿宗。懿宗也没立太子，病重时候，中尉刘行深、韩文约共立僖宗。僖宗死后，群臣要立他的长子吉王保。而观军容使杨复慕，又仗着兵权，迎立昭宗。昭宗即位之后，一心要除宦官。于是宦官倚仗着方镇之力，肆行叛逆。毕竟弄得朝臣也借助于方镇，以除宦官，这是士大夫和宦官第三次斗争，就弄得宦官灭而唐亦以亡。总而言之：中央的兵权和机务，都操在宦官手里,六七代的皇帝,都是由宦官拥立,这是历代所没有的。然而其初,不过起于君主一念之差。专制政体的危险,就在这等地方。

第五章
宋辽金元

改革与僵化

王安石变法及新旧党争

/ 范 文 澜 /

赵匡胤制定国策，给予文武官吏、地主、大商人、高利贷者最大限度的权利，为的是交换这些人的拥护，在他们的交换中被牺牲的自然是劳苦人民。"恩逮于百官者惟恐其不足，财取于万民者不留其有余"，宋朝的政治，的确被这两句话说透了。统治阶级各阶层的生活状况，大致如下：

皇帝——皇帝是最大的浪费人。官中每年用大烛十三万条，内酒坊醴祭祀用酒每年糯米八万石（赵恒时只八百石），嫁一公主赏钱七十万贯。买各行货物，经年不还钱，每行积欠多至一万贯。皇帝每三年到南郊祭天，赏赐大小官员及士兵钱一千二百万贯。

宗室——宗室是安坐享乐的、被朝官们憎恶的废物。他们无知无虑，领恩数（俸禄）度日。他们不知炭是黑色物，对饮食却讲求极精，发明"烂、熟、少"三字诀，说是烂容易咀嚼，熟不失香味，少不会烦厌。

文武官——官吏无不贪污害民。无名氏《咏功臣诗》说："中原不可生强盗，强盗才生不可除，一盗既除群盗起，功臣都是盗根株。"海盗郑广归降后作诗道："郑广有诗上众官，文武看来总一般，众官做官却做贼，郑广做贼却做官。"郑广南宋末年人，其实北宋官与贼也并无二样。

富人——地主、大商人积累钱财，或贪得无厌，或闭门淫乐。开封钱店业刘训铸铁作算子（筹码）称为长生铁，库中储许多青铜，称为不动尊。每天烧香祷祝天地，要钱生儿，绢生孙，金钱变出千百亿化身。蔡河一李姓富家，主人年二十余岁，愚痴不辨菽麦，蓄美妾数十人，仆役数十人。偶宴客，有酒十余种，肴馔果品，备极珍贵，妖妓十余人，奏乐劝饮。饮毕入内，让客人自走，不知拱揖言谈，也不与士大夫来往，当时人称他是钱痴。这个钱痴不官不商，大概是大地主。

高利贷——富人借本钱给人放债。富人取利息的一半，承借人对富人卑恭类奴隶，俗称为行钱。富人偶到行钱家，必须殷勤招待，妻女出来劝酒，行钱立侍不敢坐，再三令坐才敢就位。高利贷利息通常是百分之一百。

被上述那些人剥削的人民怎样生活呢？大部分农民正像司马光所说：农民即使幸遇好年景，没有水、旱、霜、雹、蝗、蜮等灾害，可是公私债主，巧取豪夺，谷未离场，帛未下机，已经归别人所有。自己糟糠吃不饱，短袄穿不上，终年劳苦，仅仅得过饥寒生活。他们世代务农，不知种田以外还有什么谋生的道路，所以只好困守着田亩。一部分人民的妻女堕落到娼妓的惨境，全国各州县都有营妓（公娼），容纳穷苦的妇女（美妓身价七百贯）。宋初，开封妓女约一万户，甚至公然有男妓，敷脂粉，着艳衣，姿态称呼全学妇人，为头人称师巫行头，供官府的呼唤（南宋时男妓更盛行）。一部分人民流落为盗贼，或聚众反抗，其中规模较大的民变、兵变（兵受军官压迫极苦），从北宋开国时起接连发生，从没有停止过，例如：

赵光义淳化四年，四川苛税奇重，人民无法生活，青城县民王小波聚众百人起义。小波告众道："我深恨贫富不均，今天我来替你们均平。"贫民踊跃归附，众至数万，攻破郡县，杀彭山县令齐元振。齐元振是朝廷特诏褒奖的第一清官，实际上却勾结豪强，贪暴害民，无所不为。王小波剖元振腹，装满铜钱，意思是叫他贪个饱。小波战死，众推李顺为帅，攻破成都，顺自称大蜀王。

至道三年，四川戍兵刘旰聚众数千人叛变。

赵恒咸平三年，四川钤辖（军官）符昭寿贪暴，戍兵赵延顺等起事，推军官王均为主帅，国号大蜀。

景德四年，宜州（广西宜山县）知州刘永规残暴不法，军校陈进因众怨起事，拥判官卢成均为帅，号南平王。

赵祯庆历三年，京东沂州（山东临沂县[1]）军士王伦起事，攻

---

[1] 即今临沂市。——编者注

掠州县，如入无人的境地。地方官恐惧降附，献出衣甲器械，朝官欧阳修认为心腹大忧。

庆历七年，贝州（河北清河县）军士王则据州城起事，自号东平郡王。

同年崇政殿亲从官（卫士）颜秀、郭逵等夜半攻入宫中，直到赵祯寝殿下。幸得皇后出重赏督禁兵宦官抵御，颜秀等败死。

其余较小的叛变，史书记载连篇不绝，正如余靖所说："四方盗贼窃发，州郡不能制。"全国性骚动，确使某些统治者感觉到危险。

赵顼是北宋聪明的皇帝，他感觉到危机严重，完全依靠官僚地主的旧国策，不能解救自己的崩溃。赵祯养兵一百二十五万，防御西夏小国，到底仍是屈辱求和。这又使他感觉到军队并不能保护自己的地位。他知道整个统治阶级腐朽无能，人民怨恨骚动，大起义迫在目前，因之更加重对外族内侵的恐惧心。他即位初年，披金甲见祖母曹太后，问道："娘娘看我着这好吗？"曹太后笑道："很好。不过要你着这个，国家还得了吗？"这说明赵顼主张富强自卫，太后主张维持旧状。

赵顼最怕的是契丹和西夏，所以急需加强军备。养兵先得筹饷，他知道已负租赋重担的人民不能满足他的要求，富裕的地主、商人高利贷者应该分担一部分军费。这是他变法的基本观念，也就是引起新旧两派官僚对立的基本原因。

王安石是笃信儒家经典《周礼》的政治家。他秉有倔强严肃的性格，对社会有"贤者不得行道，不肖者得行无道，贱者不得行礼，贵者得行无礼"的理解，又恰恰遭遇赵顼决心改革旧制度，需要一个非守旧派做助手的机会。熙宁二年，他终于在满朝大臣反对中做了宰相，实行变法。

王安石以前，早有人主张改革积弊，赵祯时，参知政事范仲淹提出均田赋、修武备、减徭役、择长官等十条政见，被朝官反对罢去。欧阳修主张理财、练兵、立制度，讥斥朝廷"兵无制，用无节，国家无法度，一切苟且而已"，也被朝官攻击逐走。王安石实践并发展了范仲淹、欧阳修的主张，形成与旧官僚派（主保守旧制）对立的新官僚派（主改革旧制）。

王安石新法内容广泛，大别可分理财、整军两类。其中最重要的几种，略述如下。

一、理财类

青苗法——当青黄不接的时候，农民指田中青苗向富户借钱延续生命，收获后纳利息百分之一百。王安石谋夺取富户放债的利益，由官散放青苗钱。例如春季借给农民钱十千，半年内纳本利钱十二千，秋季再放十千，岁终又纳本利钱十二千。这是百分之四十的利息（农民实际缴纳百分之六十），似乎比民间利率要轻微些。可是州县官分民户为五等，不论人民是否需要，自上户十五千至下户一千，按户强派，到期仗官威迫令缴纳本利钱，不得用他物代替，青苗法是许多新法中最受猛烈反对的一个，这证明私人高利贷势力的强大。贫民既受政府高利贷的剥削，同时仍不能逃免私人高利贷的痛苦。

免役法——宋朝力役，名目繁多，有衙前（主管官府库藏及运送官物）、里正、户长、乡书手（三役主催收赋税）、耆长、弓手、壮丁（三役主捕盗贼）、承符、手力、人力、散从（四役主供官府杂差）等类。州县民分九等，上四等量轻重服役（第一等户充衙前、里正，第二等户充户长），下五等免役。诸役中衙前、里正两役害民最烈，往往破产死亡，累及邻保。例如某地衙前，行千余里输送金七钱到内藏库（皇帝内库），库官勒索不遂，扣留衙前一年以上，不让回去。后来偶然被赵顼查出，才得放归。人民唯恐被指为上等户，有的出嫁祖母及孀母，有的与孀母或兄弟分居，有的送田给豪家，有的出家当僧道，有的甚至寻死。如京东某民家有父子二丁，被派充当衙前。父对儿子说："我愿意死，免得你们将来冻饿遭横祸。"说罢自己缢死。人民为了降低户等，减少人口，甘心嫁母寻死，充役的痛苦危险，可以想见了。

官户、形势户、僧道、学生都有免役权，下等户、单丁户、女户也得免役。富家子弟捐数百贯钱给州县学校，就取得学生名义。这样，应役的民户自然是少钱少势的某些小地主和富农。

王安石新法，凡当役人户，按等第出钱，免充诸役，名免役钱。原来免役的官户、女户、单丁户、寺观户、未成丁户也按贫富分等出钱，名助役钱。官用一小部分免役钱雇人充役（如利州路岁用雇役钱九万余贯，征取免役钱却多至三十三万贯，多征的钱，称宽剩钱），不再强派人民充当。赵顼元丰七年，岁收免役钱一千八百七十二万贯。免役法在原来免役人看来，是深恶痛绝的虐政，反对非常剧烈。

方田法——官员、地主占有无数逃田（隐漏租税），王安石创方田法，想清丈顷亩，增加租税。只方二百余万顷，就被反对停止。

市易法——市易法是侵夺商人利益的方法。它的业务分两类：（一）放款收息。就是听人赊贷官钱，用田宅或金帛做抵押，每年出息十分之二，过期不输利息，每月加罚钱百分之二。（二）统制商业。就是设立大商店，贱价强收商人的货物，抬高价出卖。开封市上连冰块、梳篦、脂、麻等细物，都被政府统制专利。

二、整军类

保甲法——王安石想用农兵制逐渐代替募兵制，创行保甲法。乡村民户十家为一保，选主户（本地旧户）一人为保长。五十家为一大保，选一人为大保长。十大保为一都保，选一人为都保正。不论主户、客户，每户两丁抽一当保丁。每一大保每夜出五人巡逻防盗。一人有犯罪行为，同保人不先告发，连坐受罚。农隙保丁自备弓箭，集合练习武艺，十日一换班。平时警戒盗贼，战时可补充兵额。保甲法行施的结果，正如司马光所说："农民二丁取一，编成保甲，官置都教场，无问四时，每五日教练一次。每一丁上教场，别一丁供送饭食，保正、保长借修棚除草为名，扣留保丁，必待贿赂满意,才放免回家。官府派员下乡检查,往来如织,勾结保正保长,勒索给养,小不如意,即施刑罚。中下户破家荡产,不够官长们的苛求,愁苦困弊,无处告诉,只好弃家逃亡。"保甲法是统治阶级压迫农民的良法,却因王安石想用来代替正兵,大遭守旧派的猛烈反对。

赵顼、王安石厉行新政的宗旨,显然只求扩大收入,整顿军队来保护自己临危的地位。他们并没有改革官僚政治的意思,反而增官俸,加吏禄,多置官观官,优待昏老无用的官员,坐食厚禄。他们也没有改善人民生活的意思,反而加重穷人的负担,既纳助役钱,又要当保丁。他们与旧官僚派政见分歧处,只在对原来享受免赋免役特权的各阶层是否应该受些限制这一点上。苏轼斥责王安石想均贫富,不合天理,其实安石仅仅要求富人也出些钱给国家罢了。

王安石一派新官僚,如吕惠卿、章惇、蔡确都因推行新政得高位。熙宁七年,安石罢官,吕惠卿继任做宰相。惠卿忌安石复用,出力排挤,同派内王、吕对立,给旧官僚派夺取朝政的机会。

赵顼死,子赵煦立,改元元祐。赵煦年十岁,祖母高太后临朝听政,用旧派首领司马光做宰相,起复旧人旧法,凡属新人新政,一概废除。旧派得政,内部分化,洛(首领程颐)、蜀(首领苏轼)、朔(首领刘挚、梁焘等)三党,互相攻击,纷纭不已。元祐八年,高太后死,煦亲主国政,复用新派章惇做宰相;恢复王、吕新法,改元绍圣(继续赵顼的圣政);引蔡卞、曾布等人居要位,

第五章 宋辽金元：改革与僵化

凡元祐政令，一概废除，驱逐旧派七八百人，大小官无一得免。

赵顼时，王安石、司马光二人只是政见上的争执，私人间还保持适当的友谊。赵煦元祐时，司马光对新派意气用事，压迫不留余地，绍圣时新派得势，报复仇怨，指司马光等为奸恶，请掘司马光、吕公著坟墓，破棺斩尸。这不是政争而是发泄兽性了。

赵煦死，弟赵佶立。向太后临朝听政，任旧派韩忠彦、新派曾布为左右相，改元建中靖国，表示大公至正、消释朋党、新旧并用的意思。向太后贬斥蔡卞、蔡京等，追复文彦博、司马光等三十三人官号。向太后临朝七月退位，赵佶亲政，又专用新派，改元崇宁（崇尚熙宁政治）。曾布起初排斥蔡卞、蔡京，后又排斥韩忠彦，引蔡京自助。蔡京想独掌大权、逐去曾布。京得权，一意排斥旧派，新派吕惠卿、蔡卞等也被抑退，京师及各州县树立元祐党籍碑，列司马光等三百九人为奸党，元祐旧臣，贬窜死亡略尽。

王安石行新政主要是想富国强兵，还不失为有主张的政治家。吕惠卿以下，只是专工聚敛，获取皇帝的信任。蔡京刻剥民财，更无微不至，竭全国物力，助长赵佶奢侈浪费的无限恶行，北宋不得不在民穷财尽、外族侵入的困境中，完结它的统治。

南宋末年的民生与财政

/ 张荫麟 /

一

在一个农业社会里,最重要的经济因素当然是土地。对于我国自汉代以后的历史,近来有一种很普遍的看法,就是:在一个长期的和平里,土地渐渐地被"豪强兼并",渐渐地集中在少数人手里;同时人口一天天地增加。结果在和平状态下无法维持生活的人愈多,更加上剧烈的天灾,大乱便起。在大乱中,人口因屠杀而锐减,土地也换了主人。到此,比之大乱前略有平均的分配,接着又是长期的和平。这样循环下去。这看法大致是不错的,不过也是很粗的。到底在某一个豪强兼并盛行的时代,有几分之几的土地,是集中于几分之几的人口呢?这个问题似乎还没有人试探过。而大部分时代的记载也没有供给我们以解答这个问题的资料。旧史记"兼并"的情形的，不外是"富者田连阡陌，贫者无立锥之地"一类笼统的话，分量的分别和比较是没有的。而且在户籍、田籍不完不密的时代，这种比较也是无从做起的。土地分配的情形就我所知道的，在南宋末年才可以间接得到比较确定的估计。

在做这估计之前，得先把宋代的土地制度略微一说。

宋仁宗的时候，曾定过一个限田的办法，其内容不详，但有两点可以知道：

（一）最高的文官（公卿以下）占田不得过三十五顷。

（二）最高的武官（牙前将吏）占田不得过二十五顷。

但这种办法，因为大臣的一致反对，压根儿没有实行。在北宋初期，不独官户占田没有限制，而且官户的田还有一种特权：免除徭役。到了徽宗政和间，才规定下一品官免除徭役的田，以一百顷为限；此下按品减少，至九品则以十亩为限。凡是限外的田，皆照编户一般供应徭役。这制度是被实行了的。南宋人所谓"祖宗限田之制"便是指此而言。

我们从这两次法令中占田的最高限度，可以看出兼并的进步。因为法令的规定，总不能和现实的情形相差太远的。换句话说，在仁宗时最大地主所占的田，与三十五顷为近，在徽宗则与百顷为近的。

南渡之初，官户田免徭役的特权曾被取消，但后来又恢复了。这变迁在南宋史里是看不出的，我别有考证，因为在这里无关宏旨，不去说它了。

关于土地分配的比例，在北宋时代我还没有考出，但在南宋初年，则于新近印行的《皇宋中兴两朝圣政》（这书旧只有《四库全书》抄本，近来翻印在"四库珍本"丛书里）中泄露了一点儿消息。这书卷十记载绍兴二年右司谏方孟卿，在一道反对恢复官户田的免役权的奏议里说道："今郡县之间，官户田居其半，而占田过数者极少。"这里所谓过数，从上下文看来，是指政和中一百顷的限度。

我们要注意绍兴二年是南渡后第五年，"占田过数者极少"，并不是因为当时的统治阶级特别讲究"中庸之道"，只因为中央政府刚从开封搬到临安，他们在播迁流徙之际，问舍求田的余暇不多罢了。因为过去一个阶段的中国社会里，地主以官户为主体，而越接近政治中心，官户越多。所以我们推想：在北宋末年，大河南北的兼并情形要比江淮以南厉害得多。所以当宋室南渡之初，江淮以南，土地是没有十分集中的。然而不到五年，"郡县之间，官户田（已）居其半"了。

到了南宋末年，情形又大变。在南宋初年，占田过一百顷的还极少。但据刘克庄在端平元年（元兵破临安前四十二年）上给理宗的奏疏里所说，当时的大地主往往"吞噬千家之膏腴，连亘数路之阡陌，岁入号百万斛……自开辟以来未之有"。（《后村先生大全集》五一，四库丛刊本）这段引文里有两句需要解释。第一，路是宋代最大的行政区域，略当现在的一省。"连亘数路之阡陌"，用现在的话说，就是田地遍于数省了。好比现在的头等阔人，在上海、南京、西湖、青岛以及北戴河都有别墅。当时因此出现了一个特别的名词,叫作"侨产",即是指不在本籍的州府或路的产业。第二,刘克庄说当时的大地主岁入百万斛,但岁入百万斛的田地到底有多少呢?据《宋史》,理宗淳祐六年侍御史谢方叔请限田,亦言:"贵势之家,租米有及百万石者。"可见后村的话是不错的。《宋史·食货志》有一处(下文将再要提到的)说:一千万亩的田,每年收租可得六七百万斛。用比例一算:X亩/10000000亩=1000000/7000000,X=10000000/7=1430000余亩,则岁收百万斛的田,约有一百四十三万亩,即一万四千三百顷,比之政和间所定一百顷的最高限度,要多一百四十三倍。南宋末年的兼并情形,比之政和间,比之南渡初,其进步是显然的。官户的田在南宋初已占了郡县田的一半。在南宋末,更要大大地增加,远在一半上了。

在南宋精华的西浙和江南东、西路,在宋末土地集中的情形,我们还可得到更亲切的印象。在理宗景定四年,即元兵入临安之前十三年,因为一个财政改革的需要,殿中侍御史陈尧道、监察御史虞慥等统计过,在这三路里,"逾限"的田,也就是大地主所占过了政和间所定的限度的田,共有三千万亩。此外,他们在限内所占的田有多少呢?史无明文。现在从最低限度,姑且假定那是限外的一半,那么光这三路,集中于占田逾限的大地主手里的田,至少已有四千五百万亩。这三路约略相当于现在的浙江、江苏和江西三省。一直到现在,浙江省已垦的田总共不过四十一万六千多顷,江西省已垦的田才不过四十一万二千多顷（据1932年国民政府主计处统计局报告。见是年《统计月报》农业专号）。当南宋末年，在这三省里，集中于占田逾限的大地主手里的田已超过现在浙江或江西省田亩总数！其他占田未逾限的地主还没有计算在内呢。

二

南宋末年第一个经济大问题是怎样抑制兼并，第二个经济大问题是怎样补救纸币的低折。南宋末年，中国已经成了纸币的世界。宋朝有许多情形是出乎意料地"摩登"的，纸币问题即其一端。纸币虽说是渊源于唐代的飞钱，但唐代的飞钱只是汇票的性质，不能随时随地用作交易的媒介。真正的纸币在宋朝才开始流行。最初在真宗时出现于四川，由民间发行，不久收为政府专利，而推广到别处，到南宋才普遍地流行。关于宋代纸币的记载，以戴埴的《鼠璞》里的《楮券源流》一篇为最佳。《宋史·食货志》里"会子"（即当时纸币之称）一段，零碎而不得要领。纸币问题是宋末元初人人受到切身影响的大事，宋亡后不久，好几万万的纸币尽成废纸。最奇怪的，作《玉海》的王应麟和作《文献通考》的马端临都是宋末元初的人，而他们对于这件大事竟无只字记载。大约因为他们都在抄书，对于无书可抄的近事，只好从略了。

据《鼠璞》记载，宁宗末年（约1220年）纸币已出到二万二千万贯。宁宗以后便是理宗，通常以为理宗朝为南宋末叶的开始，因为这时蒙古才开始向中国侵略。在理宗初元的绍定六年

（1233年），据《鼠璞》记载，纸币出到三万二千万，市价跌到对折。此后纸币的情形，《鼠璞》没有记载。但和戴埴同时的孙梦观却有一段记录，恰可补《鼠璞》之缺。据孙氏《雪窗集》卷一《丙午轮对第二札》说：当时发行的纸币，旧者已及四十二千万，新者已及二十三千万。方来者伪造者盖又不知其几多。这是理宗淳祐六年的事。这时纸币的低折更甚于绍定间，是可以推想的。

因为纸币低折，物价抬高，更增加民生的困苦。怎样改良币制，降低物价，成了普遍的期望。据周密《癸辛杂识》，当理宗即位之初，大家把这期望寄于鼎鼎大名的理学家真德秀。他不独是个理学家，也是以政治才干著称的。当时临安的人民唱道："若欲百物贱，直待真直院。"后来真德秀入朝，只管和理宗谈什么正心诚意，进献什么《〈大学〉衍义》，对于纸币问题毫无办法。人民大失所望，乃又在上面的歌谣上，添了两句："吃了西湖水，打了一锅面。"市井小儿纷纷地唱着。

除了豪强兼并和纸币低折，使民生困苦的还有所谓"和籴""和买"的制度。"和籴"就是官定价格，向人民收买谷子，以供军用；"和买"就是向人民收买布帛之类。名叫作"和"，实则是"和"的反面。因为官定的价格，照例比时价低，官用的度量，照例比通用的大，而胥吏又要从中向人民渔利。而且这制度并不是限于一时一地的。每年每一户（自然除了官户）都得按照家产的多寡，被"和籴""和买"若干。这是人人诅咒的一大秕政。

三

自理宗朝以下，财政上的一大问题是怎样开辟一个财源，使政府可以废除"和籴"（当时称籴兼赅和买）的制度，同时补救纸币的低折——一方面停止增发纸币，一方面保证兑现。赋税，大家是认为已经加到无可复加的。此外，还有什么办法呢？

理宗初年，刘后村曾献过这样的计策。第一，把一些大地主在本籍的田地的岁入没收十分之七，其"侨产"的岁入完全没收。暂以十年为限。第二，追缴大吏侵吞的公款。只追赃款，并不没收他们财产的全部。据刘克庄说："比年颛阃之臣，尹京之臣，总饷之臣，握兵之臣，拥麾持节之臣，未有不暴富者。"后村的建议并不算怎样过激，然在当时，也如在现今一样，只能是书生的空言。

到了理宗末年，贾似道和他的策士想出了一个更温和的办法：由政府备价收买"逾限"的田为公田，以公田的收入代替"和籴"及添发纸币。

然而这温和的办法，一经提出便引起朝野汹汹的攻击。经贾似道以去就力争，理宗终于允许把这办法从浙西起逐渐推行。贾似道无论怎样遗臭万年，至少有一件事值得我们佩服：他首先把自己在浙西的一万亩田献出，作为公田。

收买逾期的田，已够使大地主叫苦的了，何况政府所估的价又很低。并且政府所给的大部分不是现洋而是钞票、度牒、官诰之类。

关于公田制实行的情形，有一重要点，《宋史·食货志》没有表明，但我们从刘一清的《钱塘遗事》中可以得知：公田制实行的范围，始终只及于浙西，因而得免"和籴"的也只有浙西。但即使如此，南宋政府已和本国的资产阶级（包括大部分的士大夫）结下不解之怨。当无产民众没有组织的时候，资产阶级是主要的政治力量。内面失去资产阶级的拥护，外面受着强寇的压迫，南宋政府遂不得不解体。在帝㬎德祐元年，即贾似道贬死的次年，南宋政府终于向资产阶级认错求援，那诏书道："公田最为民害，稔怨召祸，十有余年，自今并给佃主，令率其租户为兵。"但这错是白认了。蒙古兵就在这年入临安。有那样的资产阶级，南宋之亡国也亦宜。

宋辽金元教育改革
/ 吕 思 勉 /

　　学校选举制度，当宋朝时候，也起了一次大变迁。
　　中国的科举制度，有摧破贵族阶级之功。但是这种制度，也有个显而易见的毛病，便是"学非所用，用非所学"。简而言之，便是所治的都是"无用之学"。唐朝的科举，得人最多的是明经、进士两科。所以所谓无用之学，就是"诗赋""帖经"和"墨义"。"经"是从前的人不承认它是无用的，以为治经而无用，只是治经的法子不好罢了。至于诗赋的无用，却是无人能替它辩护。所以当时改革的法子，便是废掉诗赋，对于经，则改变其治法。这种主义，实行的便是王荆公。
　　王荆公是不赞成用"科举取士"，而赞成用"学校养士"的。（他的理论，可看他仁宗时的《上仁宗皇帝言事书》。）所以当他执政的时候，便从事于整顿学校、增广太学校舍、设立三舍之法。

初入学的为外舍生，渐次升入内舍、上舍。上舍生得免礼部试，特授以官。这便是渐次以学校代科举的办法。（徽宗崇宁时，曾办到罢科举而令天下的州县都立学。县学生升入州学，州学生升入太学。但是徽宗推行的新法，都是有名无实的；此法又行之未久，无甚影响。）但是学问和功名，本是两事，既然以利禄诱人，来的人当然都是志在利禄的，哪里有真希望"学以致用"的人，所以这种法子，行之到底没甚效果。

对于科举制度的改革，其要点是：（一）罢诸科而独存进士；（二）对于进士科，则废掉诗赋而改帖经、墨义为大义。这便是明清时代科举制度的先河。当时的进士科，共试四场：第一、二场，试本经（各人所专治的经）和兼经大义，共十通；第三场试论一首；第四场试策三道。另立新科明法，试律令、刑统大义、断案，以待本应"诸科"试，不能改应新进士科的人。（宋初的科举制度，和唐朝大略相同。除进士之外，其余总称为"诸科"。）

大义是自己可以发抒心得的，就要明白道理的人才能做，自然比专责记忆的帖经、墨义好些。策论虽则旧时的进士科亦有，然而并不注重。学习诗赋，是最费工夫的，穷老尽气于此，自然没有工夫再研究别的学问。现在把诗赋废掉，注重策论，自然也比旧时好些。这都是理论上当然的结论。然而理论总不能与事实相符，因为还有别种原因掺杂在里头，科举的特色，便是（一）以利禄诱人；（二）以言取人。为利禄所诱的人，当然只志在利禄，你又以"言"取他，他当然只要会"言"就够了。有学问才能的人，固然未必不会"言";无学问才能的人,也未必就不会"言"。总而言之,要靠"言"以判定人有才能学问没有,本是极难的事。况且利禄之途所在,自然有人专力去研究,到后来,这"应考试的言",就离开才能学问,而独立成为另一件事了。研究这种"言"的人,当然不必再发达才能,研究学问。到这时候,而要靠着"言"以判定人的才能学问,就简直是不可能的事。

当王荆公时候,科举制度已经行了好几百年,这种趋势早就成功了。荆公虽能改变所试的东西,却不能禁止人家,不把这一种"言"离开才能学问而独立研究。所以到后来,来应科举的人仍旧都只会发"应科举的言"(王荆公是注重经义的,又颁了一部自己所著的《三经新义》,应科举的,就都只会说《三经新义》的话),荆公也叹息道:"本欲变学究为秀才,不料变秀才为学究。"(秀才是隋唐时最高的科目,应这一科的人,非极有学问不可。因为实际上无人能应,其科目遂成虚设。学究就是只会做帖经、墨义的。)这是科举制度根本上的毛病。历代要想"改革科举制度,以求真人才"的人很多,所以终于失败,其原因都在于此。

既然以言取人,而这种"言"又是每个人都会发的,于是看卷子的人,颇觉为难,就要找个易于去取的法子。于是有"诗赋声病易考,而策论汗漫难知"的议论。而且科举里头,要试诗赋,而大家又独看重试诗赋这一科,原是社会上崇尚文学的风气使然。这种风气未变,始终还是要影响到制度上。所以法行未几,就仍有改试诗赋之论。然而押牢了天下的人都作诗赋,也是难的(大概南人长于诗赋，北人则否），而诸科又猝不易复，于是元祐四年（1089年），把进士分为"诗赋"和"经义"两科，南渡后也沿其制。（1143年，即绍兴十三年，曾并作一科。但到1161年，仍分为两科。）两科既分之后，作诗赋的人多，专经的人少，这是"看重应诗赋科的进士"的风气还没有变的社会里当然的结果。

还有一件事，在科举制度的变迁上，也颇有关系的，便是"殿试"。原来唐时的考试进士，本以考功员外郎主其事，后来因其望轻，被黜落的人，有哗闹的事，乃移于礼部。宋初还是如此。开宝六年（973年），知贡举李昉，被人攻击，宋太祖遂御殿重试。从此以后，礼部试之后，又有殿试，就成了常制。原来唐朝时候的科举，规则并不如后世之严。考官和士子，并不绝对禁止交通。固然有得以采取誉望的好处，然而私通关节，也是不免的。用科举摧破贵族阶级的功用，还不能十分完成。到有了殿试，情形就又迥然不同。所以宋太祖对近臣说："昔者，科名多为势家所取，朕亲临试，尽革其弊矣。"可见"科举制度的进化"始终是往一条路上走的。

契丹的开科举，始于圣宗统和六年。其制度，《辽史》不载。据《契丹国志》，则三年一开，有乡、府、省三试。圣宗时，分诗赋、法律两科。诗赋为正科，法律为杂科。后来改法律科为经义。据《辽史·耶律蒲鲁传》："重熙中，举进士第。主文以国制无契丹试进士之条，闻于上。以庶箴擅令子就科目，鞭之二百。"则契丹之设科举，是专以待汉人的。（《天祚纪》说耶律大石登天庆五年进士第，或者后来此制在实际上又成具文。）

女真却又不然。金世宗是很希望女真人保守质朴尚武的旧俗，而又很希望他的文化渐次进步的。太宗天会元年，就设辞赋和经义两科，又有策试一科。海陵时，罢策试及经义，增设律科。世宗时，又恢复经义科，这都是所以待汉人的。（又有经童科，年在十三以下，能背诵二大经三小经，又诵《论语》诸子及五千字以上者，为中选。凡应辞赋、经义两科中式的，都谓之进士。应经童、律科中式的，则谓之举人。制举当章宗时也曾开过。所以合女真进士科算起来，金朝取士之科，共有七种。）大定十一年，添设女真进士科。初但试策。二十八年，于经内增试论一道。世宗又特设女真国子学，这都是所以保存他本族的文化的。（金朝的科举，也是三年一开。由乡至府，由府至省，由省至殿廷，凡四试。皆中选，则授以官。其廷试被黜的，亦赐之以第，谓之"恩例"。特命及第的，则谓之"特恩"。）

元朝对于学校颇为注重。当世祖时，即于京师立国子学。蒙古人、色目人和汉人各有定额。又特立蒙古国子学，以教随朝蒙汉百官和怯薛子弟。又立回回国子学，这是因为元起漠北，最初的文化，即系受之于回族，后来征服西域，和回族关系更深。这里一定包含着许多西洋文化。可惜当时养成的人才，除供朝廷之用外，在社会上也不曾产生什么影响。（在国子学中，蒙古人、色目人和汉人所享的权利是不平等的。蒙古人试法最宽，及格的授六品官。色目人试法稍密，及格的授七品官。汉人则考试全用科场之法，而不过授从七品官。）诸路各设教授一人，学正一人，学录一人。府及上中州，都设教授一人。下州设学正一人。县设教谕一人。从南宋以后，私人所设的书院颇为发达。元世祖至元二十八年，除诏诸路州县都立学外，又命先儒过化之地，名贤经行之所，与好事之家，出钱粟赡学者，并立为书院。（书院中掌教的，谓之山长。）诸路亦有蒙古字学，以教民间子弟。回回学之外，又有阴阳学和医学，各行省所在地，都设一儒学提举司，以统诸路府州县的学校。江浙、湖广、江西三省，有蒙古提举学校官。河南、江浙、江西、湖广、陕西五省，又有官医提举司。总之，元朝对于学校是颇为注重的，其制度也颇为完备。这种制度在元朝固然未必有多大的效果，然而实在开明清两代学校制度的先河。

其科举之制，则始于仁宗延祐二年。分进士为左右榜：蒙古人、色目人为右，汉人、南人为左。蒙古人由科目出身的，授从六品官。色目人和汉人，递降一级。（至元元年罢科举，六年复之。）每试三场：第一场，蒙古人、色目人试经问五条，汉人、南人试明经、经疑二问，经义一道；第二场，蒙古人、色目人试策一道，汉人、南人试古赋、诏、诰、章、表内科一道；第三场，蒙古人、色目人无，汉人、南人试策一道。蒙古人、色目人应汉人、南人科目中选的，注授各加一等。（这是仁宗时的制度。顺帝废而再复，小有改变。）也有乡会试及御试。

元朝的用人，是极为驳杂的。不论哪一种人，只要有才具的就用。所以蒙古人和汉人、南人之外，色目人也蔚然成一阶级（当时回回[1]人被用得最多。欧洲人被用的，当亦不少。马可·波罗等，不过是其中最著名的），颇有立贤无方之风。这是由于蒙古人所征服的地方大，所接触的异族多，所以能够如此，但是入仕之途太广了，于铨政上，却也颇有妨碍。所以《元史·选举志》说它"仕进有多歧，铨衡无定制""吏道杂而多端""纵情破律，以公济私""文繁吏弊"。大概当时最坏的，是所谓宿卫勋臣之家和任职于宣徽中政各院的人，出身太优。至于工匠和书吏，原未尝不可任用，然当时所以任用之者，恐也未必十分得当。又诸王公主的"投下"，只要得了主人的保任，也都可以入官，这就真是弊制了。总而言之，"仕进有多歧，铨衡无定制"十个字，是它根本上的毛病。有了这十个字，就无论怎样，选政也弄不好了。

---

[1] 《元史》《元典章》主要以此指伊斯兰教和伊斯兰教信徒，如回回法、回回寺、回回令史、回回人等。——编者注

第六章

明清

完善与冲突

朱元璋的统治术

/ 吴　晗 /

一、大明帝国和明教

吴元年（1367年，元至正二十七年）十二月，朱元璋的北伐大军已经平定山东。南征军已降方国珍，移军福建，水陆两路都势如破竹。一片捷报声使应天的文武臣僚欢天喜地，估量军力、人事和元政府的无能腐败，加上元朝将军疯狂的内战，荡平全国已经是算得出日子的事情了。苦战了十几年，为的是什么？无非是为做大官，拜大爵位，封妻荫子，大庄园，好奴仆，数不尽的金银钱钞，用不完的锦绮绸罗，风风光光，体体面面，舒舒服服过日子。如今，这个日子来了。吴王要是升一级做皇帝，王府臣僚自然也进一等做帝国将相了。朱元璋听了朱升的话，"缓称王"，好容易熬了这多年才称王，称呼从主公改成殿下，如今眼见得一统在望，再也熬不住了，立刻要过皇帝瘾。真是同心一意，在前方厮杀声中，应天的君臣在商量化家为国的大典。

自然，主意虽然打定，自古以来做皇帝的一套形式，还是得照样搬演一下。照规矩，是臣下劝进三次，主公推让三次，文章都是刻板的滥调，于是，文班首长中书省左丞相宣国公李善长率文武百官奉表劝进："开基创业，既宏盛世之舆图，应天顺人，宜正大君之宝位……既膺在躬之历数，必当临御于宸居……伏冀俯从众请，早定尊称。"不用三推三让，只一劝便答应了。十天后，朱元璋搬进新盖的宫殿，把要做皇帝的意思祭告于上帝皇祇说："惟我中国人民之君，自宋运告终，帝命真人于沙漠，入中国为天下主，其君父子及孙百有余年，今运亦终。其天下土地人民豪杰分争。惟臣帝赐英贤李善长、徐达等为臣之辅。遂戡定群雄，息民于田野。今地周回二万里广，诸臣下皆曰恐民无主，必欲推尊帝号，臣不敢辞，亦不敢不告上帝皇祇。是用明年正月四日于钟山之阳，设坛备仪，昭告上帝皇祇，惟简在帝心。如臣可为民主，告祭之日，伏望帝祇来临，天朗气清，惠风和畅。如臣不可，至日当烈风异景，使臣知之。"[1]

即位礼仪也决定了，这一天先告祀天地，再即皇帝位于南郊，丞相率百官以下和都民耆老拜贺舞蹈，连呼万岁三声。礼成，具皇帝卤簿威仪导从，到太庙追尊四代祖父母、父母都为皇帝皇后，再祭告社稷。于是皇帝服衮冕，在奉天殿受百官贺。天地社稷祖先百

---

[1] 《明太祖实录》卷二四。

官和都民耆老都承认了，朱元璋成为合法的皇帝。

皇帝的正殿命名为奉天殿，皇帝诏书的开头也规定为奉天承运。原来元时皇帝白话诏书的开头是"长生天气力里，大福荫护助里"，文言的译作"上天眷命"，朱元璋以为这口气不够谦卑奉顺，改作奉作承，为"奉天承运"，表示他的一切行动都是奉天而行的，他的皇朝是承方兴之运的，谁能反抗天命？谁又敢于违逆兴运？

洪武元年正月初四，朱元璋和他的文武臣僚照规定的礼仪节目，遂一搬演完了，定有天下之号曰大明，建元洪武，以应天为京师。去年年底，接连下雨落雪，阴沉沉的天气，到大年初一雪停了，第二天天气更好，到行礼这一天，竟是大太阳，极好的天气，元璋才放了心。回宫时忽然想起陈友谅采石矶的故事，做皇帝这样一桩大事，连日子也不挑一个，闹得拖泥带水，衣冠污损，不成体统，实在好笑，怪不得他没有好下场。接着又想起这日子是刘基拣的，真不错，开头就好，将来会更好，子子孙孙都会好，越想越喜欢，不由得在玉辂里笑出声来。

奉天殿受贺后，立妃马氏为皇后，世子标为皇太子，以李善长、徐达为左右丞相，各文武功臣也都加官晋爵。皇族不管死的活的，全都封王。一霎时闹闹嚷嚷，欣欣喜喜，新朝廷上充满了蓬勃的气象，新京师里添了几百千家新贵族，历史上也出现了一个新朝代。[1]

---

[1]《明太祖实录》卷二五。

皇族和其他许多家族组织成功一个新统治集团，代表这集团执行统治的机构是朝廷，这朝廷是为朱家皇朝服务的。朱家皇朝的建立者朱元璋，给他的皇朝起的名号——大明。

大明这一朝代名号的决定，事前曾经经过长期的考虑。

历史上的朝代称号，都有其特殊的意义。大体上可以分作四类：第一类用初起时的地名，如秦如汉；第二类用所封的爵邑，如隋如唐；第三类用特殊的物产，如辽（镔铁）如金；第四类用文字的含义，如大真大元。[1]大明不是地名，也不是爵邑，更非物产，应该归到第四类。

大明这一国号出于明教。明教有明王出世的传说，主要的经典有《大小明王出世经》。经过了五百多年公开的、秘密的传播，明王出世成为民间所熟知、所深信的预言。这传说又和佛教的弥勒降生说混淆了，弥勒佛和明王成为二位一体的人民救主。韩山童自称明王起事，败死后，他的儿子韩林儿继称小明王，西系红军[2]别支的明昇也称小明王。朱元璋原来是小明王的部将，害死小明王，继之而起，国号也称大明。[3]据说是刘基提出的主意。[4]

---

[1] 赵翼：《廿二史札记》卷二九，"元建国号始用文义"条。

[2] 指红巾军。元末农民利用白莲教组成的起义军。以红巾包头和红旗为号，故名"红巾军"。又称"红军""香军"。——编者注

[3] 孙宜：《洞庭集·大明初略》四，"国号大明，承林儿小明号也"。吴晗：《明教与大明帝国》，载《清华周报》三十周年纪念号。

[4] 祝允明：《野记》卷一。

朱元璋部下分红军和儒生两个系统，这一国号的采用，使两方面人都感觉满意。就红军方面说，他们大多数都起自淮西，受了彭莹玉的教化。其余的不是郭子兴的部曲，就是小明王的余党，天完和汉的降将，总之，都是明教徒。国号大明，第一表示新政权还是继承小明王这一系统，所有明教徒都是一家人，应该团结在一起，共享富贵；第二告诉人"明王"在此，不必痴心妄想，再搞这一套花样了；第三使人民安心，本本分分，来享受明王治下的和平合理生活。就儒生方面说，他们固然和明教无渊源，和红军处于敌对地位，用尽心机，劝诱朱元璋背叛明教，遗弃红军，暗杀小明王，另建新朝代。可是，对于这一国号，却用儒家的看法去解释，"明"是光亮的意思，是火，分开来是日月，古礼有祀"大明"朝"日"夕"月"的说法，千多年来"大明"和日月都算是朝廷的正祀，无论是列作郊祭或特祭，都为历代皇家所看重，儒生所乐于讨论的。而且，新朝是起于南方的，和以前各朝从北方起事平定南方的恰好相反。拿阴阳五行之说来推论，南方为火，为阳，神是祝融，颜色赤；北方是水，属阴，神是玄冥，颜色黑。元朝建都北平，起自更北的蒙古大汉。那么，以火制水，以阳消阴，以明克暗，不是恰好？再则，历史上的宫殿名称有大明宫、大明殿，古神话里，"朱明"一名词把国姓和国号联在一起，尤为巧合。因此，儒生这一系统也赞成用这国号。一些人是从明教教义，一些人是从儒家经说，都以为合式，对劲。[1]

　　元朝末年二十年的混战，宣传标榜的是"明王出世"，是"弥勒降生"的预言。朱元璋是深深明白这类预言、这类秘密组织的意义的。他自己从这一套得到机会和成功，成为新兴的统治者，要把这份产业永远保持下去，传之子孙，再也不愿意、不许别的人也来耍这一套，危害治权。而且，"大明"已经成为国号了，也应该保持它的尊严。为了这，建国的第一年就用诏书禁止一切邪教，尤其是白莲社、大明教和弥勒教，接着把这禁令正式公布为法律，《大明律·礼律》"禁止师巫邪术"条规定："凡师巫假降邪神，书符咒水，扶鸾祷圣，自号端公、太保、师婆，及妄称弥勒佛、白莲社、明尊教、白云宗等会，一应左道乱正之术，或隐藏图像，烧香集众，夜聚晓散，佯修善事，煽惑人民，为首者绞，为从者各杖一百，流三千里。"句解：端公、太保，降神之男子；师婆，降神之妇人。白莲社如昔远公修净土之教，今奉弥勒佛十八龙天持斋念佛者。明尊教谓男子修行斋戒，奉牟尼光佛教法者。白云宗等会，盖谓释氏支流派分七十二家，白云持一宗如黄梅曹溪之类是也。明尊教即明教，牟尼光佛即摩尼。据《昭代王章·条例》："凡左道惑众之人，或烧香集徒，夜聚晓散，为从者及称为善友，求讨布施，至十人以上……事发，属军卫者俱发边卫充军，属有司者发口外为民。"善友也正是明教教友称号的一种。招判枢机定师巫邪术

---

[1]　吴晗：《明教与大明帝国》。

罪款说："有等捏怪之徒，罔顾明时之法，乃敢立白莲社，自号端公，拭清风刀，人呼太保，尝云能用五雷，能集方神，得先天，知后世，凡所以煽惑人心者千形万状，小则人迷而忘亲忘家，大即心惑而丧心丧志，甚至聚众成党，集党成祸，不测之变，种种立见者，其害不可胜言也。"[1]何等可怕，不禁怎么行？温州、泉州的大明教，从南宋以来就根深蒂固流传在民间，到明初还"造饰殿堂甚侈，民之无业者咸归之"。因为名犯国号，教堂被毁，教产被没收，教徒被逐归农。[2]甚至宋元以来的明州，也改名为宁波。[3]明教徒在严刑压制之下，只好再改换名称，藏形匿影，暗地里活动，成为民间的秘密组织了。

事实是，法律的条款和制裁，并不能、也不可能消除人民对政治的失望。朱元璋虽然建立了大明帝国，却并没有替人民解除了痛苦，改善了生活，二十年后，弥勒教仍然在农村里传播，尤其是江西。朱元璋在洪武十九年年底告戒人民说："元政不纲，天将更其运祚，而愚民好作乱者兴焉。初本数人，其余愚者闻此风而思为之，合共谋倡乱。是等之家，吾亲目睹……秦之陈胜、吴广，汉之黄巾，隋之杨玄感、僧向海明，唐之王仙芝，宋之王则等辈，皆系造言倡乱者，致干戈横作，物命损伤者既多，比其事成也，天不与

---

[1] 以上并据玄览堂丛书本《昭代王章》。

[2] 宋濂：《芝园续集》卷四，《故岐宁卫经历熊府君墓铭》；何乔远：《闽书》卷七，《方域志》。

[3] 吕毖：《明朝小史》卷二。

首乱者，殃归首乱，福在殿兴。今江西有等愚民，妻不谏夫，夫不戒前人所失，夫妇愚于家，反教子孙，一概念诵南无弥勒尊佛，以为六字，又欲造祸，以殃乡里……今后良民凡有六字者即时烧毁，毋存毋奉，永保己安，良民戒之哉！"他特别指出凡是造言首事的都没有好下场，"殃归首乱"，只有他自己是跟从的，所以"福在殿兴"。劝人民不要首事肇祸，脱离弥勒教，翻来覆去地说，甚至不惜拿自己做例证，由此可以看出当时民间对现实政治的不满意和渴望光明的情形。

政府对明教的压迫虽然十分严厉，小明王在西北的余党却仍然很活跃。从洪武初年到永乐七年（1409年）四十多年间，王金刚奴自称四天王，在沔县[1]西黑山天池等处，以佛法惑众，其党田九成自称后明皇帝，年号还是龙凤，高福兴自称弥勒佛，帝号和年号都直承小明王，根本不承认这个新兴的朝代。前后攻破屯寨，杀死官军。[2]同时西系红军的根据地蕲州，永乐四年"妖僧守座聚男女，立白莲社，毁形断指，假神煽惑"被杀。永乐七年在湘潭，十六年在保定新城县，都曾爆发弥勒佛之乱。[3]以后一直下来，白莲教、明教的教徒在不同时期、不同地点的传播以至起义，可以说是史不绝书。虽然都被优势的武力所平定了，也可以看出这时代，

---

[1] 旧县名。1964年改名勉县。——编者注
[2] 《明成祖实录》卷九〇；沈德符：《万历野获编》卷二九，《再僭龙凤年号》。
[3] 《明成祖实录》卷五六，卷九六，卷二〇〇。

人民对政府的看法和愤怒的程度。[1]

二、农民被出卖了！

经过二十几年的实际教育，在流浪生活中，在军营里，在作战时，在后方，随处学习，随时训练自己，更事事听人劝告，征求专家的意见，朱元璋在近代史上，不但是一个伟大的军事统帅，也是一个成功的政治家。

他的政治才能，表现在他所奠定的帝国规模上。

在红军初起时，标榜复宋，韩林儿诈称是宋徽宗的子孙，暂时的固然可以产生政治的刺激作用，可是这时距宋朝灭亡已经九十年了，宋朝的遗民故老死亡已尽，九十年后的人民对历史上的皇帝、对一个被屈辱的家族，并不感觉到亲切、怀念、依恋。而且，韩家父子是著名的白莲教世家，突然变成赵家子孙，谁都知道是冒牌。真的都不见得有人理会，何况是假货？朱元璋北伐时，严正地提出民族独立自主的新号召，汉人应该由汉人自己治理，应该用自己的方式生活，保存原有的文化系统，这一崭新的主张，博得全民族的热烈拥护，瓦解了元朝治下汉官、汉兵的敌对心理。在檄文中，更进一步提出，蒙古人、色目人只要加入这一文化系统，就一体保护，认其为皇朝的子民。这一举措不但减少了敌人的抵抗挣扎行为，并且也吸引过来一部分敌人，化敌为友。到开国以后，这同化

---

[1] 本节参看吴晗：《明教与大明帝国》。

主张仍然被尊为国策，对于加入华族文化集团的外族，毫不歧视。蒙古、色目的官吏和汉人同样登用，在朝廷有做到尚书、侍郎大官的，地方做知府、知县，一样临民办事。[1]在军队里更多，甚至在亲军中也有蒙古军队和军官。[2]这些人都由政府编制勘合（合同文书），给赐姓名，和汉人一无分别。[3]婚姻则制定法令，准许和汉人通婚，务必要两相情愿，如汉人不愿，许其同族自相嫁娶。[4]这样，蒙古人、色目人陶育融冶，几代以后，都同化为中华民族的成员了。内中有十几家军人世家，替明朝立下不可磨灭的功绩。对于塞外的外族，则继承元朝的抚育政策，告诉他们新朝仍和前朝一样，尽保护提携的责任，各安生理，不要害怕。

相反的，却下诏书恢复人民的衣冠如唐朝的式样，蒙古人留下的习俗，辫发、椎髻、胡服——男子着袴褶窄袖及辫线腰褶，妇女衣窄袖短衣，下服裙裳——胡语、胡姓一切禁止。[5]蒙古习俗丧葬作乐娱尸，礼仪官品座位都以右手为尊贵，也逐一改正。[6]复汉官之威仪，参酌古代礼经和事实需要，规定了各阶层的生活服用、房

---

[1] 《明太祖实录》卷一九九，卷二〇二；《明史》卷一三八《周祯传》，卷一四〇《道同传》。

[2] 《明太祖实录》卷七一，卷一九〇。

[3] 《明太祖实录》卷五〇；《明成祖实录》卷三三。

[4] 《明律》卷六，《户律》。

[5] 《明太祖实录》卷三〇。

[6] 《明史·太祖本纪》。

舍、舆从种种规范和标准，使人民有所遵守。

红军之起，最主要的目的是要实现经济的、政治的、民族的地位平等。在政治和民族方面，大明帝国的建立已经完全达到目的，过去的被歧视情形不再存在了。可是，在经济方面，虽然推翻了外族对汉族的剥削特权，但是，就中华民族本身而说，地主对农民的剥削特权，并没有因为政权的改变而有所改变。

元末的农民，大部分参加红军，破坏旧秩序、旧的统治机构。地主的利益恰好相反，他们要保全自己的生命财产，就不能不维持旧秩序，就不能不拥护旧政权。在战争爆发之后，地主们用全力来组织私军，称为民军或义军，建立堡寨，抵抗农民的袭击。这一集团的组成分子，包括现任和退休的官吏、乡绅、儒生和军人，总之，都是丰衣足食、面团团的地主阶层人物。这些人受过教育，有智识，有组织能力，在地方有号召的威望。虽然各地方的地主各自作战，没有统一的指挥和作战计划，战斗力量也有大小强弱之不同，却不可否认是一个比元朝军队更为壮大、更为顽强的力量。他们绝不能和红军妥协，也不和打家劫舍的草寇、割据一隅的群雄合作。可是，等到有一个新政权建立，而这一个新政权是有足够的力量保护地主利益、维持地方秩序的时候，他们也就毫不犹豫拥戴这一属于他们自己的新政权了。[1]同时，新朝廷的一批新兴贵族、官僚，也因劳绩获得大量土地，成为新的地主（洪武四年十月的公侯

---

[1] 吴晗：《元帝国之崩溃与明之建国》五，载《清华学报》十一卷二期。

佃户统计，六国公二十八侯，凡佃户三万八千一百九十四户）。[1]
新政府对这两种地主的利益，是不敢、也不能不特别尊重的。这样，农民的生活问题，农民的困苦，就被搁在一边，无人理睬了。

朱元璋和他的大部分臣僚都是农民出身的，过去都曾亲身受过地主的剥削和压迫，但在革命的过程中，本身的武装力量不够强大，眼看着小明王是被察罕帖木儿、李思齐和孛罗帖木儿两支地主军打垮了的，为了要成事业，不能不低头赔小心，争取地主们的人力、财力的合作。又恨又怕，在朱元璋的心坎里造成了微妙的矛盾的敌对的心理，产生了对旧地主的两面政策。正面是利用有学识、有社会声望的地主，任命为各级官吏和民间征收租粮的政府代理人，建立他的官僚机构。原来经过元末多年的内战，学校停顿，人才缺乏，将军们会打仗，可不会做办文墨的事务官。有些读书人，怕朱元璋的残暴、侮辱，百般逃避，抵死不肯做官，虽是立了"士人不为君用"就要杀头的条款，还是逼不出够用的人才。没奈何只好拣一批合用的地主，叫作税户人才，用作地方县令长、知州、知府、布政使，以至朝廷的九卿。另外，因为地主熟悉地方情形，收粮和运粮都比地方官经手方便省事，而且，可以省去一层中饱。规定每一个收粮万石的地方，派纳粮最多的大地主四人做粮长，管理本区的租粮收运。这样，旧地主做官，做粮长，加上新贵族、新官

---

[1] 《明太祖实录》卷六八。

僚、新地主，构成了新的统治集团。[1]反面则用残酷的手段，消除不肯合作的旧地主，一种惯用的方法是强迫迁徙，使地主离开他的土地，集中到濠州、京师（南京）、山东、山西等处，釜底抽薪，根本削除了他们在地方的势力。另一种方法是用苛刑诛灭，假借种种政治案件，株连牵及，一网打尽，灭门抄家，洪武朝的几桩大案如胡惟庸案、蓝玉案、空印案，屠杀了几万家，不用说了。甚至地方的一个皂隶的逃亡，就屠杀抄没了几百家。洪武十九年，朱元璋公布这案子说："民之顽者，莫甚于溧阳、广德、建平、宜兴、安吉、长兴、归安、德清、崇德蒋士鲁等三百七户。且如潘富系溧阳县皂隶，教唆官长贪赃枉法，自己挟势持权，科民荆杖。朕遣人按治，潘富在逃，自溧阳节次递送至崇德豪民赵真胜奴家。追者回奏，将豪民赵真胜奴并二百余家尽行抄没，持杖者尽皆诛戮。沿途节次递送者一百七十户，尽行枭令，抄没其家。"[2]豪民尽皆诛戮，抄没的田产当然归官，再由皇帝赏赐给新贵族、新官僚，用屠杀的手段加速度改变土地的持有人。据可信的史料，三十多年中，浙东、浙西的故家巨室几乎到了被肃清的地步。[3]

为了增加政府的收入，实现财力和人力的充分运用，朱元璋用二十年的工夫，大规模举行土地丈量和人口普查，六百年来若干朝代、若干政治家所不能做到的事情，算是划时代地完成

---

[1] 吴晗：《明代之粮长及其他》，载《云南大学学报》第二期。

[2] 《大诰三编·递送潘富》第十八。

[3] 吴晗：《明代之粮长及其他》。

了。丈量土地的原因，是过去六百年没有实地调查，土地簿籍和实际情形完全不符合，而且连不符合的簿籍大部分都已丧失，半数以上的土地不在簿籍上，逃避政府租税，半数的土地面积和负担轻重不一样，极不公平。地主的负担转嫁给贫农，土地越多的交租越少，土地越少的交租越多，由之，富的愈富，穷的更穷。经过实际丈量以后，所有过去逃税的土地都登记完粮。全国土地，记载田亩面积方圆，编列字号，和田主姓名，制成文册，名为鱼鳞图册，政府据以定赋税标准。洪武二十六年（1393年）全国水田总数八百五十万七千六百二十三顷[1]，夏秋二税收麦四百七十余万石，米二千四百七十余万石。和元代全国岁入粮数一千二百一十一万四千七百八石[2]比较，增加了一倍半。

人口普查的结果，编定了赋役黄册，把户口编成里甲，以一百一十户为一里，推丁粮多的地主十户做里长，余百户为十甲，每甲十户，设一甲首，每年以里长一人、甲首一人，管一里一甲之事，先后次序还是根据丁粮多少，每甲轮值一年，十甲在十年内先后轮流为政府服义务劳役，一甲服役一年，有九年的休息。每隔十年，地方官以丁粮增减重新编定黄册，使之合乎实际。洪武二十六年统计，全国有户一千六百五万二千六百八十，

---

[1]《明史·食货志》一，《田制》。

[2]《明史·食货志》二，《赋役》。《明太祖实录》卷二三〇作：粮储三千二百七十八万九千七百八余石。《元史》卷九三，《食货志·税粮》。

口六千五十四万五千八百十二[1]，比之元朝极盛时期——世祖时代的户口，户一千一百六十三万三千二百八十一，口五千三百六十五万四千三百三十七[2]，户增加了三百四十万，口增加了七百万。

表面上，派大批官吏核实全国田土，定其赋税，详细记载原坂、坟衍、下隰、沃瘠、沙卤的区别，凡置卖田土，必须到官府登记税粮科则，免去贫民产去税存的弊端。十年一次的劳役，轮流休息，似乎是替一般穷人着想的。其实，穷人是得不到好处的，因为执行丈量的是地主，征收租粮的还是地主，里长甲首依然是地主，地主是绝不会照顾小自耕农和佃农的利益的。而且，愈是大地主，愈有机会让子弟受到教育，通过科举成为官僚绅士，官僚绅士享有非法的逃避租税、合法的免役之权。前一例子，朱元璋说得很明白："民间洒派、包荒、诡寄、移丘换段，这等俱是奸顽豪富之家，将次没福受用财富田产，以自己科差洒派细民。境内本无积年荒田，此等豪猾，买嘱贪官污吏，及造册书算人等，当科粮之际，作包荒名色，征纳小户。书算手受财，将田洒派，移丘换段，作诡寄名色，以此靠损小民。"[3]后一例子，洪武十年（1377年）朱元

---

[1] 《明史·食货志·户口》。《明太祖实录》卷二一四：洪武二十四年十二月，天下郡县更造赋役黄册成，计人户一千六十八万四千四百三十五，口五千六百七十七万四千五百六十一。

[2] 《元史》卷九三，《食货志·农桑》。

[3] 《大诰续编》四五。

璋告诉中书省官员："食禄之家，与庶民贵贱有等，趋事执役以奉上者，庶民之事也。若贤人君子，既贵其身，而复役其家，则君人野人无所分别，非劝士待贤之道。自今百司见任官员之家，有田土者，输租税外，悉免其徭役，著为令。"[1]不但见任官，乡绅也享受这特权，洪武十二年又着令："自今内外官致仕还乡者，复其家终身无所与。"[2]连在学的学生、生员之家，除本身外，户内也优免二丁差役。[3]这样，见任官、乡绅、生员都逃避租税，豁免差役，完粮当差的义务便完全落在自耕农和贫农的身上了，他们不但出自己的一份，连官僚绅士地主的一份也得一并承当下来。统治集团所享受的特权，造成了更激烈的加速度的兼并，土地愈集中，人民的负担愈重，生活愈困苦。这负担据朱元璋说是"分"，即应尽的义务，洪武十五年，他叫户部出榜晓谕两浙江西之民说："为吾民者当知其分，田赋力役出以供上者，乃其分也。能安其分，则保父母妻子，家昌身裕，为忠孝仁义之民。"不然呢？"则不但国法不容，天道亦不容矣！"应该像"中原之民，惟知应役输税，无负官府"。只有如此，才能"上下相安，风俗淳美，共享太平之福！"[4]

里甲的组织，除了精密动员人力，最主要的任务还是布置全国

---

[1] 《明太祖实录》卷一一一。

[2] 《明太祖实录》卷一二六。

[3] 张居正：《张太岳集》卷三九，《请申旧章饬学政以振兴人才疏》。

[4] 《明太祖实录》卷一五〇。

性的特务网，严密监视并逮捕危害统治的人物。

朱元璋发展了古代的传、过所、公凭这一套制度，制定了路引（通行证或身份证）。法律规定："凡军民人等往来，但出百里即验文引。如无文引，必须擒拿送官，仍许诸人首告，得实者赏，纵容者同罪。天下要冲去处，设立巡检司，专一盘诘往来奸细及贩卖私盐、犯人、逃军、逃囚、无引面生可疑之人。"[1]处刑的办法："凡无文引私度关津者杖八十；若关不由门，津不由渡而越度者杖九十；若越度缘边关塞者，杖一百，徒三年；因而出外境者绞。"军民的分别："若军民出百里之外不给引者，军以逃军论，民以私度关津论。"[2]这制度把人民的行动范围用无形的铜墙铁壁严密圈禁。路引是要向地方官请领的，请不到的，便被禁锢在生长的土地上，行动不能出百里之外。

要钳制监视全国人民，光靠巡检司是不够的，里甲于是被赋予了辅助巡检司的任务。朱元璋在洪武十九年手令"要人民互相知丁"，知丁是监视的意思："诰出，凡民邻里互相知丁，互知务业，俱在里甲，县府州务必周知，市村绝不许有逸夫。若或异四业而从释道者，户下除名。凡有夫丁，除公占外，余皆四业，必然有效。一，知丁之法，某民丁几，受农业者几，受士业者几，受工业者几，受商业者几。且欲士者志于士，进学之时，师友某氏，

---

[1]　弘治《大明会典》卷一一三。

[2]　《明律》卷一五，《兵律》。

习有所在，非社学则入县学，非县必州府之学，此其所以知士丁之所在。已成之士为未成士之师，邻里必知生徒之所在，庶几出入可验，无异为也。一，农业者不出一里之间，朝出暮入，作息之道互知焉。一，专工之业，远行则引明所在，用工州里，往必知方，巨细作为，邻里采知，巨者归迟，细者归疾，出入不难见也。一，商本有巨微，货有重轻，所趋远近水陆，明于引间。归期难限其业，邻里务必周知，若或经年无信，二载不归，邻里当觉（报告）之。询故本户，若或托商在外非为，邻里勿干。"逸夫指的是无业的危险分子，如不执行这命令："一里之间，百户之内，仍有逸夫，里甲坐视，邻里亲戚不拿，其逸夫或于公门中，或在市闾里，有犯非为，捕获到官，逸夫处死，里甲四邻化外之迁，的不虚示。"[1]又说："此诰一出，自京为始，遍布天下，一切臣民，朝出暮入，务必从容验丁。市井人民，舍客之际，辨人生理，验人引目，生理是其本业，引目相符而无异，犹恐托业为名，暗有他为。虽然业与引合，又识重轻巨微贵贱，倘有轻重不伦，所赍微细，必假此而他故也，良民察焉。"[2]异为、非为、他为、他故，都是法律术语，即不轨、不法的意思。前一手令是里甲邻里的连坐法，后一手令是旅馆检查规程，再三叮咛训示，把里甲和路引制度关联成为一体，不但圈禁人民在百里内，而且用法律、用手令强迫每一个人都成为政

---

[1] 《大诰续编·互知丁业》第三。
[2] 《大诰续编·辨验丁引》第四。

府的代表，执行调查、监视、告密、访问、逮捕的使命。[1]

三、新官僚养成所

专制独裁的君主，用以维持和巩固皇权的两套法宝，一是军队，二是官僚机构，用武力镇压，用公文统治，皇权假如是车子，军队和官僚便是两个车轮，缺一不可。

朱元璋从亲兵爬到宋朝的丞相、国公，做吴王，一直做到皇帝，本来是靠武力起的家，有的是军队，再加上刘基的组织方案——军卫法，一个轮子有了。

另一个轮子可有点麻烦，从朝廷到地方，从部、院、省、寺、府、监到州、县，各级官僚要十几万人，白手成家的朱元璋，从哪儿去找这么些听话的、忠心的、能干的文人？

用元朝的旧官僚吧？经过二十年战争的淘汰，生存的为数已不甚多，会办事有才力的一批早已来投效了。不肯来的，放下脸色一吓唬，说是："您不来，敢情在打别的主意？"[2]也不敢不来。剩下的不是贪官污吏，便已老朽昏庸；不是眷怀胜国的恩宠，北迁沙漠[3]，便是厌恶新朝的暴发户派头，恐惧新朝的屠杀侮辱，遁迹江

---

[1] 吴晗：《传·过所·路引的历史——历史上的国民身份证》，载1948年1月《中国建设》月刊五卷四期。

[2] 《明史》卷二八五，《张以宁传》附《秦裕伯传》。

[3] 《明史》卷一二四，《扩廓帖木儿传》附《蔡子英传》；《明太祖实录》卷一一〇。

湖，埋名市井。[1]尽管新朝用尽了心机，软说硬拉要凑齐这个大班子，人数还差得太远。

第二想到的是元朝的吏。元朝是以吏治国的。从元世祖以后，甚至执政大臣也用吏来充当，造成风气。[2]朱元璋深知法令愈烦冗，条格愈详备，一般人不会办，甚至不能懂，吏就愈方便舞文弄法，闹成吏治代替了官治，代替了君治，这是万万要不得的。[3]

第三只好起用没有做过官的读书人了。读书人当然想做官，可是也有顾忌，顾忌的是失身份："海岱初云扰，荆蛮遂土崩。王公甘久辱，奴仆尽同升。"[4]和奴仆同升也许还不太要紧，要紧的是这个政权还不太巩固，对内未统一，对外，北边蒙古还保有强大力量。顾忌的是这个政权是淮帮，大官位都给淮人占完了，"两河兵合尽红巾，岂有桃源可避秦？马上短衣多楚客，城中高髻半淮人"[5]。更顾忌的是恐怖的屠杀凌辱，做官一有差跌，不是枭示种诛，便是戴斩罪镣足办事，"以屯田工役为必获之罪，以鞭笞捶楚为寻常之辱"[6]。不是不得已，又谁敢做官？

第四是任用地主做官，称为荐举。有富户、耆民、孝弟力田、

---

[1] 《明史》卷二八五，《杨维桢传》《丁鹤年传》。

[2] 余阙：《青阳先生文集》卷四，《杨君显民诗集序》。

[3] 《明太祖实录》卷二六、卷一二六。

[4] 贝琼：《清江诗集》卷八，《黄湾述怀二十二韵寄钱思复》。

[5] 贝琼：《清江诗集》卷五，《秋思》。

[6] 《明史》卷一三九，《叶伯巨传》。

税户人才（纳粮最多的大地主）等名目。有一出来便做朝廷和地方的大官的，最多的一次到过三千七百多人。[1]可是，还不够用，而且，这些地主官僚的作风，也不完全适合新朝统治的需要。

旧的人才不够用，只好想法培养新的了。朱元璋决心用自己的方法，新造一个轮子——国子监，来训练大量的新官僚。

国子监的教职员，从祭酒（校长）、司业、博士、助教、学正到监丞，都是朝廷命官，任免都出于吏部，国子监官到监是上任做官，学校是学校官的衙门。政治和教育一体，官僚和师儒一体。祭酒虽然是衙门首长，"严立规矩，表率属官"，但是，并无聘任教员之权，因为一切教职员都是吏部派的。监丞品位虽低，却参领监事，凡教官怠于师训，生员有戾规矩，课业不精，并从纠举。不但管学生规矩课业，还兼管教员教课成绩。办公处叫绳愆厅，特备有行扑红凳二条，拨有直厅皂隶二名，"扑作教刑"，刑具是竹篦，皂隶是行刑人，红凳是让学生伏着挨打的。照规定，监丞立集愆册一本，各堂生员敢有不遵学规，即便究治。初犯记录（记过），再犯决竹篦五下，三犯决竹篦十下，四犯发遣安置（开除，充军，罚充吏役）。监丞对学生，不但有处罚权，而且有执行刑讯之权，学校、法庭、刑场合而为一。当然。判决和执行都是片面的，学生绝对没有辩解申说和要求上诉的权利。[2]膳夫由朝廷拨死囚充役，如

---

[1] 《明史》卷七一，《选举志》。

[2] 黄佐：《南雍志》卷九，《学规本末》。

三遍不听使令,即处斩刑,学校又变作死囚的苦工场了。[1]

学校的教职员全是官,学生呢?来源有两类,一类是官生,一类是民生。官生又分两等,一等是品官子弟,一等是外夷子弟(包括日本、琉球、暹罗和西南土司子弟)。官生是由皇帝指派分发的,民生是由各地地方官保送府、州、县学的生员。[2]原来立学的目的,是训练官生如何去执行统治,名额是一百五十名,民生只占五十名。[3]可是后来官生入学的日少,民生依法保送的日多,以洪武二十六年(1393年)的在学人数为例,总数八千一百二十四名,里面官生只有四名,国子监已经失去原来的用意,成为广泛训练民生做官的机构了。

功课内容分《大诰》、《大明律》、四书、五经、刘向《说苑》等书。[4]最重要的是《大诰》。《大诰》是朱元璋自己写的,有《大诰续编》《大诰三编》《大诰武臣》,一共四册,主要的内容是列举所杀官民罪状,使官民知所警戒,和教人民守本分、纳田租、出夫役,老老实实替朝廷当差的训话。洪武十九年以《大诰》颁赐监生,二十四年令"今后科举岁贡生员,俱以《大诰》出题试之"。礼部行文国子监正官,严督诸生熟读讲解,以资录用,有不

---

[1] 《南雍志》卷一〇,《谟训考》。

[2] 《南雍志》卷一五。

[3] 《大明律》。

[4] 《南雍志》卷一;《皇明太学志》卷七。

遵者，以违制论。[1]违制是违抗圣旨的法律术语，这罪名是非同小可的。至于《大明律》，因为学生的出路是做官，当然是必读书。四书、五经是儒家的经典，治国平天下的大道理都在里面，孔子的思想是没有问题的，尊王正名，君君臣臣父父子子这一大套，最合帝王的脾胃，所以朱元璋面谕国子博士："一以孔子所定经书诲诸生。"[2]可是，《孟子》就不同了，洪武三年，他开始读这本书，读到好些对君上不客气的地方，大发脾气，对人说："这老头要是活到今天，非严办不可！"下令国子监撤去孔庙中的孟子牌位，把孟子逐出孔庙。后来虽然迫于舆论恢复孟子配享，对于这部书还是认为有反动毒素，得经过严密检查。洪武二十七年（1394年）特别敕命组织一个《孟子》审查委员会，执行检删职务的是当时的老儒刘三吾，把《尽心》篇的"民为贵，社稷次之，君为轻"、《梁惠王》篇"国人皆曰贤……国人皆曰可杀"一章、"时日曷丧，予及汝偕亡"、《离娄》篇"桀纣之失天下也，失其民也。失其民者，失其心也"一章、《万章》篇"天与贤则与贤"一章、"天视自我民视，天听自我民听"、"君有大过则谏，反覆之而不听，则易位"以及类似的"闻诛一夫纣矣，未闻弑君也""君之视臣如草芥，则臣视君如寇仇"，一共八十五条，以为这些话不合"名教"，太刺激了，全给删节掉了。只剩下一百七十几条，刻板颁行

---

[1] 《南雍志》卷一。

[2] 《南雍志》卷一。

全国学校。这部经过凌迟碎割的书,叫作《孟子节文》。所删掉的一部分,"课士不以命题,科举不以取士"[1]。至于《说苑》,是因为"多载前言往行,善善恶恶,昭然于方册之间,深有劝戒",是作为修身或公民课本被指定的。此外,也消极地指定一些不许诵读的书,例如"苏秦、张仪,由战国尚诈,故得行其说,宜戒勿读"[2]。由此可见学校功课的项目,内容的去取,必读书和禁读书,学校教官是无权说话的,一切都由皇帝御定。有时高兴,他还出题目"圣制策问"来考问学生呢!

学生日课,规定每日写字一幅,每三日背《大诰》一百字,本经一百字,四书一百字,每月作文六篇,违者都是痛决(打)。低年级生只通四书的,入正义、崇志、广业三堂,中等文理条畅的升入修道、诚心二堂,在学满七百天,经史兼通的入率性堂。率性堂生一年内考试满八分的予出身(做官)。[3]

监生的制服叫襕衫,也是御定的。膳食全公费,阁校会馔。有家眷的特许带家眷入学,每月支食粮六斗。监生和教员请假或回

---

[1] 《明史》卷一三九《钱唐传》,卷五四《礼志》四;李之藻:《頖宫礼乐疏》卷二;全祖望:《鲒琦亭集》卷三五,《辨钱尚书争孟子事》;北平图书馆藏洪武二十七年刊本《孟子节文》;刘三吾:《孟子节文题辞》;容肇祖:《明太祖的〈孟子节文〉》,载《读书与出版》二年四期。

[2] 《南雍志》卷一。

[3] 《南雍志》卷九。

家，都要经皇帝特许。[1]

　　管制学校的监规，是钦定的，极为严厉。前后增订一共有五十六款，学生对课业有疑问，必须跪听，绝对禁止对人对事的批评和团结组织，甚至班与班之间也禁止来往，以及不许议论饮食美恶，不许穿常人衣服。有事先于本堂教官处通知，毋得径行烦紊。凡遇出入，务要有出恭入敬牌。还有无病称病、出外游荡、会食喧哗、点闸（名）不到、号房（宿舍）私借他人住坐、酣歌夜饮等等二十七款，下文都是违者痛决。最严重的一款是"敢有毁辱师长，及主事告讦者，即系干名犯义，有伤风化，定将犯人杖一百，发云南地面充军"。[2] 朱元璋寄托培养官僚的全部责任于国子监，这一条的法意就是授权监官，用刑法清除所有不服从和敢于抗议的监生。毁辱师长的含义是非常广泛的，无论是语言、文字、行动、思想上的不同意以至批评，都可任意解释。至于生事告讦，更可随便应用，凡是不遵从监规的、不满意现状的、要求对教学及生活有所改进的，都可以援用这条款片面判决之，执行之。国子监第一任祭酒宋讷是这条监规的起草人，极其严酷，在他的任内，监生走投无路，经常有人被强制饿死，被迫缢死，祭酒连尸首也不肯放过，一定要当面验明，才许收殓。[3] 后来他的儿子宋复祖当司业，也学

---

[1] 《南雍志》卷一。

[2] 《南雍志》卷九，《学规本末》。

[3] 赵翼：《廿二史札记》卷三一，"《明史》立传多存大体"条，引叶子奇：《草木子》。按通行本《草木子》无此条。

父亲的办法,"诫诸生守讷学规,违者罪至死"[1]。学录金文徵反对宋讷的过分残暴,想法子救学生,向皇帝控诉说:"祭酒办学太严,监生饿死了不少人。"朱元璋不理会,说是祭酒只管大纲,监生饿死,罪坐亲教之间。文徵又设法和同乡吏部尚书余熂商量,由吏部出文书令宋讷以年老退休。这年宋讷七十五岁,照规定是该告老的,不料宋讷在辞别皇帝时,说出并非真心要辞官,朱元璋大怒,追问缘由,立刻把余熂、金文徵和一些关联的教官都杀了,还把罪状榜示在监前,也写在《大诰》里头。这次反迫害的学潮,在一场屠杀后被压平。[2]

洪武二十七年,第二次学潮又起,监生赵麟受不了虐待,出壁报提出抗议。照监规是杖一百充军,为了杀一儆百,朱元璋法外用刑,把赵麟杀了,并且在监前立一长竿,枭首示众(这在朱元璋的口语叫枭令,比处死重一等)。二十八年又颁行赵麟诽谤册和《警愚》《辅教》二录于国子监,到三十年七月二十三日,又召集祭酒和本监教官监生一千八百二十六名,在奉天门当面训话整顿学风,他说:

> 恁学生每听着:先前那宋讷做祭酒呵,学规好生严肃,秀才每循规蹈矩,都肯向学,所以教出来的个个中用,朝廷好

---

[1] 《明史》卷一三七,《宋讷传》。

[2] 《南雍志》卷一,卷一〇;《明史·宋讷传》。

生得人，后来他善终了，以礼送他回乡安葬，沿路上著有司官祭他。

近年著那老秀才每做祭酒呵，他每都怀着异心，不肯教诲，把宋讷的学规都改坏了，所以生徒全不务学，用著他呵，好生坏事。

如今著那年纪小的秀才官人每来署学事，他定的学规，恁每当依着行。敢有抗拒不服，撒泼皮，违犯学规的，若祭酒来奏着恁呵，都不饶，全家发向烟瘴地面去，或充军，或充吏，或做首领官。

今后学规严紧，若无籍之徒，敢有似前贴没头帖子诽谤师长的，许诸人出首，或绑缚将来，赏大银两个。若先前贴了票子，有知道的，或出首，或绑缚将来呵，也一般赏他大银两个。将那犯人凌迟了，枭令在监前，全家抄没，人口迁发烟瘴地面。钦此！[1]

和统制监生一样，国子监的教官也是在严刑重罚的约束之下的。以祭酒为例，三十多年来的历任祭酒，只有以残酷著名的宋讷是善终在任上，死后的恩礼也特别隆重，可以说是例外，其他的不是得罪放逐，便是被杀。[2]

---

[1]《南雍志》卷一〇，《谟训考》。

[2]《南雍志》卷一。

痛决、充军、罚充吏役、枷镣终身、饿死、自缢死、枭首示众、凌迟，一大串刑罚名词，明初的国子监与其说是学校，不如更合适地说是监狱，是刑场。不只是学生，也包括教官在内，在受死亡所威胁的训练，造成绝对服从的、无思想的、奴性的官僚。

从洪武二年到三十一年这一时期监生任官的情形来看，第一，监生并没有一定的任官资序，最高的有做到地方大吏从二品的布政使，最低的做正九品的县主簿，以至无品级的教谕。第二，监生也没有固定的任官性质，朝廷的部院官、监察官，地方最高民政财政官、司法官，以至无所不管的亲民的府、州、县官和学校官。监生万能，几乎无官不可做。第三，除做官以外，在学的监生，有奉命出使的，有奉命巡行列郡的，有稽核百司案牍的，有到地方督修水利的，有执行丈量、记录土地面积、定粮任务的，有清查黄册的（每年一千二百人），有写本的，有在各衙门办事的，有在各衙门历事（实习）的，几乎无事不能做。第四，三十年来监生的任官，以洪武二年和二十六年为最高（洪武二年擢监生为行省左右参政、各道按察使司佥事及知府等官。二十六年以监生六十四人为行省布政、按察两使及参政、参议、副使、佥事等官），十九年为最多（命祭酒、司业择监生千余人送吏部，除授知州、知县等职）。"故其时布列中外者，太学生最盛。"[1]大体说来，从十五年以后，监生的出路，已渐渐不如初年，从做官转到做事，朝廷利用大

---

[1] 《南雍志》卷一；《明史》卷六九，《选举志》。

批监生做履亩定粮、督修水利、清查黄册等基层技术工作。至于为什么洪武二年和二十六年大量利用监生做高官呢？理由是，第一，刚开国人才不够，如上文所说过的，没有别的人可用，只能以受过训练的监生出任高官。第二，洪武二十六年二月蓝玉被杀，牵连致死的文武官僚、地方大吏为数极多，许多衙门都缺正官，监生因之大走官运。至于为什么洪武十九年监生任官的竟有千余人之多呢？那是因为上年闹郭桓贪污案，供词牵连到直省官吏，因而系死者有几万人，下级官吏缺得太多。至于为什么从洪武十五年以后，监生做官的出路一天不如一天呢？那是因为从十五年以后，会试定期举行，每三年一次，进士在发榜后即刻任官，要做官的都从进士科出身，甚至监生也多从进士科得官，官僚从科举制度里出来，国子监失去了培养官僚的独占地位。进士释褐授官，这些官原来都是监生的饭碗，进士日重，监生日轻，只好去做基层技术工作和到诸司去历事了。

地方的府州县学和国子监一样，生员都是供给廪膳（公费）的，从监生到生员都享有免役权，法律规定"免其家差徭二丁"。

洪武十二年颁发禁例十二条于全国学校，镌立卧碑，置于明伦堂之左，不遵者以违制论。禁例中最重要的是"生员家若非大事，毋轻至于公门""生员父母欲行非为，则当再三恳告"，前一条不许生员交结地方官，后一条要使生员为皇家服务，替朝廷消弭"非为"。另一条"军民一切利病，并不许生员建言。果有一切军民利病之事，许当该有司，在野贤才，有志壮士，质朴农夫，商贾技艺，皆可言之，诸人毋得阻当，惟生员不许！"[1]重复地说"不许生员建言""惟生员不许"，为什么单单剥夺了生员讨论政治的权利呢？因为他害怕群众，害怕组织，尤其害怕有群众基础、有组织能力的知识分子，这个有号召力量的学生群，他是认清楚他们的力量的。

地方学校之外，洪武八年又诏地方立社学——乡村小学。

府州县学和社学都以《大诰》和《大明律》做主要必修科。

在官僚政治之下，地方学校只存形式，学生不在学，师儒不讲论。社学且成为官吏迫害剥削人民的手段，"有愿读书无钱者不许入学，有三丁四丁不愿读书者，受财卖放，纵其愚顽，不令读书。有父子二人，或农或商，本无读书之暇，却乃逼令入学。有钱者又纵之，无钱者虽不暇读书，又不肯放，将此凑生员之数，欺诳朝廷"[2]。朱元璋虽然要导民为善，却对官僚政治无办法，叹一口气，只好把社学停办，省得"逼坏良民不暇读书之家"[3]。

除国子监，政府官吏的来源是科举制度。国子监生可以不由科举，直接任官，而从科举出身的人则必须是学校的生员。府、州、县学的生员（俗称秀才）每三年在省城会考一次，称为乡试，及格的为举人。各布政使司举人的名额是一定的，除直隶（今江苏、安徽）百人最多，广东、广西二十五人最少，其他九布政使司

---

[1] 《大明会典》卷七八，《学校》。

[2] 《大诰》，社学第四四。

[3] 本节参看吴晗：《明初的学校》，载1948年《清华学报》十四卷二期。

都是四十人。第二年全国举人会考于京师,称为会试,会试及格的再经一次复试,地点在殿廷,叫作廷试,亦称殿试。这复试是形式上的,主要意义是让皇帝自己来主持这抡才大典,选拔之权,出于一人,及格的是天子门生,自然应该死心塌地替皇家服务,发榜分一二三甲(等),一甲只有三人,状元、榜眼、探花,赐进士及第。二甲若干人,赐进士出身。三甲若干人,赐同进士出身。状元、榜眼、探花的名号是御定的,民间又称乡试第一名为解元,会试第一名为会元,二三甲第一名为传胪。乡试由布政使司主持,会试由礼部主持。状元授翰林院修撰,榜眼、探花授编修,二三甲考选庶吉士的都为翰林官,其他或授给事、御史、主事、中书、行人、评事、太常、国子博士,或授府推官、知州、知县等官。举人、贡生会试不及格,改入国子监,也可选做小京官,或做府佐和州县正官,以及学校教官。

科举各级考试,专用四书、五经来出题目,文体略仿宋经义,要用古人口气说话,只能根据几家指定的注疏发挥,绝对不许有自己的见解。体裁排偶,叫作八股,也称制义。这制度是朱元璋和刘基商量决定的。十五年以后,定制子、午、卯、酉年乡试,辰、戌、丑、未年会试,乡试在八月,会试在二月。每试分三场:初场四书义三道,经义四道;二场试论一道,判一道,诏、诰、表、内、科(选)一道;三场试经史时务策五道。[1]

---

[1] 《明史》卷七〇,《选举志》。

学校和科举并行，学校是科举的阶梯，科举是学生的出路。学生通过科举便做官，不但忘了学校，也忘了书本，于是科举日重，学校日轻。学校和科举都是制造和选拔官僚的制度，所学习和考试的范围完全一样，都是四书五经，不但远离现实，也绝不许接触到现实。诚如当时宋濂所说："自贡举法行，学者知以摘经拟题为志，其所最切者，惟四子一经之笺，是钻是窥，余则漫不加省。与之交谈，两目瞪然视，舌木强不能对。"[1]学校呢？"稍励廉隅者不愿入学，而学行章句有闻者，未必尽出于弟子员。"[2]到后来甚至弄到"生徒无复在学肄业，入其庭不见其人，如废寺然"[3]。科举人才不读书，不知时事，学校没有学生，加上残酷的统制管理，严格的检查防范，学校生员除了尊君和盲从古人，不许有新的思想言论。于是整个学术文化界、思想界、政治界，从童生到当国执政，都向往三王，服膺儒术，都以为"天王圣明，臣罪当诛"，挨了打是"恩谴"，被斫头是"赐死"，挨了骂不消说有资格才能挨得着。天下无不是的父母，更不会有不是的皇帝，君权由此巩固，朱家万世一系的统治也安如泰山了。

四、皇权的轮子——新官僚机构

由于历史包袱的继承，皇权的逐步提高，隋唐以来的官僚机

---

[1] 宋濂：《銮坡集》卷七，《大明故中顺大夫礼部侍郎曾公神道碑铭》。

[2] 宋濂：《翰苑别集》卷一，《送翁好古教授广州序》。

[3] 陆容：《菽园杂记》。

构，以巩固皇权为目的的三省制度——中书省出命令，门下省掌封驳，尚书省主施行——中书官和皇帝最亲近，接触机会最多，权也最重。宋代后期，门下省不能执行审核诏令的任务，尚书省官只能平决庶务，不能与闻国政，三省事实上只是一省当权。到元代索性取消门下省，把尚书省的官属六部也归并到中书省，形成一省执政的局面。地方则分设行中书省，总揽军民大政。其下有路、府、州、县，管理军民。

三省制的形成有它的历史背景和原因，就这制度本身而论，把政权分作三份，一个专管决策，一个负责执行，而又另有一个纠核的机构驳正违误，防止皇权的滥用和官僚的缺失，从巩固皇权、维持现状的意义上说，是很有用的。可是，在事实上，官僚政治本身破坏了、瘫痪了这个官僚机构，皇权和相权的冲突，更有目的地摧毁了这个官僚机构。

官僚政治特征之一是做官不做事，重床叠屋，衙门愈多，事情愈办不好，拿薪水的官僚愈多，负责做事的人愈少。例如从唐以来，往往因事设官；尚书省原有户部，专管户口财政，在国计困难时，政府要张罗财帛，供应军需，大张旗鼓，特设盐铁使、户部使、租庸使、国计使等官，由宰相或大臣兼任，意思是要提高搜刮的效率，可是这样一来，户部位低权轻，职守都为诸使所夺，便变成闲曹了。兵部专管军政，从五代设了枢密使以后，兵部又无事可做了。礼部专掌礼仪，宋代却又另有礼院。几套性质相同的衙门，新创的抢了旧衙门的职司，本衙门的官照例做和本衙门不相干的事，或者索性不做事。千头万绪，名实不符，十个官僚有九个不知道自己的职司。冗官日多，要官更多，行政效率也就日益低落。[1]到元代又添上蒙古的部族政治机构，衙门越发多，越发庞大，混乱复杂，臃肿不灵，瘫痪的病象在显露了。

而且就官僚的服务名义说，也有官、职、差遣之分，官是表明等级、分别薪俸的标识，职以待文学侍从之臣，只有差遣是"治内外之事"的。皇家的赏功酬庸，又有阶、勋、爵、食邑、功臣号等名目。以差遣而论，又有行、守、试、判、知、权知、权发遣的不同。其实除差遣，其他都是不大相干的。[2]

皇权和相权的矛盾，例如宋太宗讨厌中书的政权太重，分中书吏房置审官院，刑房置审刑院[3]。为了分权而添置衙门，其实是夺相权归之于皇帝。皇帝的诏令照规矩是必须经过中书门下才算合法，所谓"不经凤阁鸾台，何名为敕？"[4]用意是防止皇权的滥用，但是，这规矩只是官僚集团的规矩，官僚的任免生杀之权在皇帝，升沉荣辱甚至诛废的利害超过了制度的坚持，私人的利害超过了集团的利害，唐武后以来的墨敕斜封（手令），也就破坏了这个

---

[1] 《宋史·职官志》一。

[2] 司马光：《司马文正公传家集》卷二一，《乞分十二等以进退群臣上殿札子》；钱大昕：《潜研堂文集》卷三四，《答袁简斋书》。

[3] 司马光：《涑水纪闻》卷三；李攸：《宋朝事实》卷九；李焘：《续资治通鉴长编》卷一二五。

[4] 《旧唐书》卷八七，《刘祎之传》。

官僚制度，摧毁了相权，走上了独裁的道路。

朱元璋继承历代皇权走向独裁的趋势，对官僚机构大加改革，使之更得心应手，为皇家服务。

元代的行中书省是从中书省分出去的，职权太重，到后期鞭长莫及，几乎没有法子控制了。朱元璋要造成绝对的中央集权，洪武九年（1376年）改行中书省为承宣布政使司，设左右布政使各一人，掌一区的政令。布政使是朝廷派驻地方的代表、使臣，禀承朝廷，宣扬政令。全国分浙江、江西、福建、北平、广西、四川、山东、广东、河南、陕西、湖广、山西十二布政使司，十五年增置云南布政使司。[1]布政使司的分区，大体上继承元朝的行省，布政使的职权却只掌民政、财政，和元朝行中书省的无所不统，轻重大不相同了。而且就地位论，行省是以都省的机构分设于地方，布政使则是朝廷派驻的使臣，前者是中央分权于地方，后者是地方集权于中央，意义也完全不同。此外，地方掌管司法行政的另有提刑按察使司，长官为按察使，主管一区刑名、按察之事。布、按二司和掌军政的都指挥使司合称三司，是朝廷派遣到地方的三个特派员衙门，民政、司法、军政三种治权分别独立，直接由朝廷指挥，为的是便于控制，便于统治。布政使司之下，真正的地方政府分两级，第一级是府，长官为知府，有直隶州，即直隶于布政使司的州，长

---

[1] 明成祖永乐元年（1403年）以北平布政使司为北京，五年置交趾布政使司，十一年置贵州布政使司。宣德三年（1428年）罢交趾布政使司，除两京外定为十三布政使司。

官是知州；第二级是县，长官是知县，有州，长官是知州，州县是直接临民的政治单位。[1]

中央统治机构的改革，稍晚于地方。洪武十三年（1380年）胡惟庸案发后[2]废中书省，仿周官六卿之制，提高六部的地位；吏、户、礼、兵、刑、工，每部设尚书一人，侍郎（分左右）二人。吏部掌全国官吏选授、封勋、考课，甄别人才；户部掌户口、田赋、商税；礼部掌礼仪、祭祀、僧道、宴飨、教育及贡举（考试）和外交；兵部掌卫所官军选授、检练和军令；刑部掌刑名；工部掌工程造作（武器、货币等）、水利、交通，都直接对皇帝负责，奉行政令。

统军机关则改枢密院为大都督府，节制中外诸军。洪武十三年分大都督府为中、左、右、前、后五军都督府，每府以左右都督为长官，各领所属都司卫所，和兵部互相表里。都督府长官虽管军籍、军政，却不直接统带军队，在有战事时，才奉令出为将军总兵官，指挥作战。战争结束，便得交还将印，回原职办事。[3]

监察机关原来是御史台，洪武十五年改为都察院，长官是左右都御史，下有监察御史百十人，分掌十二道（按照布政使司政区分道），职权是纠劾百司，辨明冤枉，凡大臣奸邪、小人构党作威福乱政，百官猥茸、贪污舞弊、学术不正和变乱祖宗制度的，都

---

[1] 《明史·职官志》。

[2] 《明史·胡惟庸传》；吴晗：《胡惟庸党案考》，载《燕京学报》十五期。

[3] 宋濂：《洪武圣政记·肃军政》第四。

可随时举发弹劾。这衙门的官被皇帝看作是耳目,替皇帝听,替皇帝看,有对皇权不利的随时报告。也被皇帝看作是鹰犬,替皇帝追踪,搏击一切不忠于皇帝的官民,是替皇帝监视官僚的衙门,是替皇帝检举反动思想、保持传统纲纪的衙门。监察御史在朝监视各个不同的官僚机构,派到地方的,有巡按、清军、提督学校、巡监、茶马、监军等职务,其中巡按御史算是代皇帝巡狩,按临所部,大事奏裁,小事立断,是最威武的一个差使。

行政、军事、监察三种治权分别独立,由皇帝亲身总其成。官吏内外互用,其地位以品级规定,从九品到正一品,九品十八级,官和品一致,升迁调用都有一定的法度。百官分治,个别对皇帝负责。系统分明,职权清楚,法令详密,组织严紧。而在整套统治机构中,互相钳制,以监察官来监视一切臣僚,以特务组织来镇压威制一切官民,都督府管军不管民,六部管民不管军,大将在平时不指挥军队,动员复员之权属于兵部,供给粮秣的是户部,供给武器的是工部,决定战略的是皇帝。六部分别负责,决定政策的是皇帝。在过去,政事由三省分别处理,取决于皇帝,皇帝是帝国的首领。可是在这新统治机构下,六部府院直接隶属于皇帝,皇帝不但是帝国的首领,而且是这统治机构的负责人和执行人,历史上的君权和相权到此合一了,皇帝兼理宰相的职务,皇权由之达于极峰。[1]

历史的教训使朱元璋深切地明白宦官和外戚对于政治的祸害。

---

[1] 参看《明史·职官志》。

他以为汉朝、唐朝的祸乱都是宦官作的孽,这种人在宫廷里是少不了的,可是只能作奴隶使唤,洒扫奔走,人数不可过多,也不可用作耳目心腹。作耳目,耳目坏;作心腹,心腹病。对付的办法,要使之守法,守法自然不会做坏事,不要让他们有功劳,一有功劳就难于管束了。定下规矩,凡是内臣都不许读书识字,又铸铁牌立在宫门,上面刻着:"内臣不得干预政事,犯者斩。"又规定内臣不许兼外朝的文武官衔,不许穿外朝官员的服装,做内廷官不能过四品,每月领一石米,穿衣吃饭官家管。并且,外朝各衙门不许和内官监有公文往来。这几条规定针对着历史上所曾发生的弊端,使内侍名副其实地做宫廷的仆役。[1]对外戚干政的对策,是不许后妃干政,洪武元年三月即命儒臣修《女诫》,纂集古代贤德妇女和后妃的故事,刊刻成书,来教育宫人,要她们学样。又立下规程,皇后只能管宫中嫔妇的事,宫门之外不得干预。宫人不许和外间通信,犯者处死,断绝外朝和内廷的来往以至通信,使之和政治隔离。外朝臣僚命妇按例于每月初一、十五朝见皇后,其他时间,没有特殊缘由,不许进宫。皇帝不接见外朝命妇,皇族婚姻选配良家子女,有私进女口的不许接受。元璋的母族和妻族都绝后,没有外家,后代帝王也都遵守祖训,后妃必选自民家。外戚只是高爵厚禄,做大地主,住大房子,绝对不许与闻政事。[2]在洪武一朝三十多年

---

[1] 宋濂:《洪武圣政记》;《明史》卷七四,《职官志》。
[2] 《明史》卷一〇八《外戚恩泽侯表·序》,卷一一三《后妃列传·序》,卷三〇〇《外戚传·序》。

中，内臣小心守法，宫廷和外朝隔绝，和前代相比，算是家法最严的了。

元代以吏治国，法令极烦冗，档案堆成山。吏就从中舞弊，无法根究。而且，正因为公文条例过于琐细，不费一两年工夫无从通晓，办公文、办公事成为专门技术，掌印正官弄不清楚，只好由吏做主张，结果治国治民的都是吏，不是官，小吏们唯利是图，毫不顾及全盘局面，政治（其实是吏治）自然愈闹愈坏。远在吴元年，朱元璋便已注意到法令和吏治的关系，指令台省官立法要简要严，选用深通法律的学者编定律令，经过缜密的商定，去烦减重，花了三十年工夫，更改删定了四五次，编成《大明律》，条例简于《唐律》，精神严于《宋律》，是中国法律史上极重要的一部法典。又为简化公文起见，于洪武十二年立《案牍减繁式》颁示各衙门，使公文明白好懂，文吏无法舞弊弄权。从此吏员在政治上被斥为杂流，不能做官。官和吏完全分开，官主行政，吏主事务，和元代的情形完全不同了。[1]

和吏文相同的是文章的格式。唐宋以来的政府文字，从上而下的制诰，从下达上的表奏，照习惯是骈俪四六文，尽管有多少人主张复古，提倡改革，所谓古文运动，在民间是成功了，政府却仍然用老套头。同一时代用的是两种文字，庙堂是骈偶文，民间是古文，朱元璋很不以为然，他以为古人作文章，讲道理，说世务，

---

[1] 《明太祖实录》卷二六，卷一二六；《明史》卷七一，《选举志》。

经典上的话,都明白好懂,像诸葛亮的《出师表》,又何尝雕琢、立意写文章?可是有感情,有血有肉,到如今读了还使人感动,怀想他的忠义。近来的文士,文字虽然艰深,用意却很浅近,即使写得和司马相如、扬雄一样好,别人不懂,又中什么用?以此他要秘书——翰林——作文字,只要说明白道理,讲得通世务就行,不许用浮辞藻饰。[1]到洪武六年,又下令禁止对偶四六文辞,选唐柳宗元《代柳公绰谢上任表》和韩愈《贺雨表》作为笺表法式。[2]这一改革不但使政府文字简单、明白,把庙堂和民间打通,现代人写现代文,就文学的影响说,也可以说很大,韩愈、柳宗元以后,他是提倡古文最有成绩的一个人。他自己所作的文章,写得不好,有时不通顺,倒容易懂。信札多用口语,比文章好得多,想来是受蒙古白话圣旨的影响,也许是没有念过什么书,中旧式文体的毒比较轻的缘故吧?

唐、宋两代还有一样坏风气,朝廷任官令发表以后,被任用的官照例要辞官,上辞官表,一辞再辞甚至辞让到六七次,皇帝也照例拒绝,下诏敦劝,一劝再劝再六次七次劝,到这人上任上谢表才算罢休。辞的不是真辞,劝的也不是真劝,大家肚子里明白,是在玩文字的把戏,误时误事,白费纸墨。朱元璋认为这种做法太无聊,也把它废止了。

---

[1] 《明太祖实录》卷三九。

[2] 《明太祖实录》卷八五。

明代的科举情况和绅士特权

/ 吴　晗 /

明、清两代五六百年间的科举制度，在中国文化、学术发展的历史上作了大孽，束缚了人们的聪明才智，阻碍了科学的进展，压制了思想，使人们脱离实际，脱离生产，专读死书，专学八股，专写空话，害尽了人，也害死了人，罪状数不完，也说不完。

这些且不说，光就考试时的情况说，也是气死人的。明末艾南英《天佣子集》有一篇文章专讲考举人时的苦处：

> 考试这一天，考场打了三通鼓，秀才们即使遇到大冷天，冰霜冻结，也得站在门外等候点名。督学呢，穿着红袍坐在堂上，灯烛辉煌，围着炉子取暖，好不舒服。
>
> 秀才们得解开衣裳，左手拿着笔砚，右手拿着布袜，听候府县官点名，排个儿站在甬道里，依次到督学面前。每一个秀

才,有两个搜检军侍候,从头发搜到脚跟,光着肚子光着腿,要好几个时辰才能全搜完,个个冻得牙齿打战,腰以下都冻僵了,摸着也不像是自己的皮肤。要是大热天呢,督学穿着纱衣裳,在阴凉地里,喝着茶,摇着扇子,凉快得很。秀才们呢,十百一群,挤立在尘埃飞扬的太阳地上,按制度不能扇扇子,穿的又是大布厚衣。到了考场,几百人夹坐在一起,腥气、秽气,蒸着、熏着,大汗通身,衣裳都湿透了,却一滴水也不敢入口。虽然公家有人管茶水,但谁也不敢喝,喝了就有人在你卷子上打一个红记号,算是舞弊犯规,文章尽管写得好,也要扣分,降一等。

冷天也罢,热天也罢,都得吃苦头。

考的时候,东西两面站着四个瞭望军,是监场的,谁也不敢抬头四面看,有人困了站一下,打一个呵欠,和隔壁考生说话,以至歪着坐,又是一个红记号打上了,算犯规,文章尽管好,也扣分,降一等。弄得人人腰脊酸痛,连大小便也不得自由,得忍着些。

连动手动脚、抬头伸腰的自由也被剥夺了,苦哉!

考试座位呢,是衙门里的工吏包办的,他们得赚一点钱,贪污了一大半经费,临时对付,做得很窄小,两个手膀也张不开;又偷工减料,薄而脆,外加裂缝,坐下重一点,就怕塌下。加上同号的总有十几个人,座位是用竹子连着的,谁的手脚稍动一下,连号的座位便都动摇了,成天没个停,写的字也就歪歪扭扭了。

这篇文章写得实在好，道尽了考生的苦处，也道尽了封建统治者不把学生当人的恶毒待遇。文章里用督学的拥炉、挥扇相对衬，更把考生的苦况突出了。清朝继承了明朝这一套，《儿女英雄传》写安骥殿试时，自己背桌子考篮的情况，可以参看。

这样苦，为什么人们还是抢着考，唯恐吃不到这苦头呢？是为了做官。顾公燮《消夏闲记摘钞》记明朝人中举人的情况：

> 明朝末年的绅士，非常之威风。凡是中了举人，报信的人都拿着短棍，从大门打起，把厅堂窗户都打烂了，叫作"改换门庭"。工匠跟在后面，立时修整一新，从此永为主顾。
>
> 接着，同姓的地主来和您通谱，算作一家，招女婿的也来了，有人来拜你做老师，自称门生。只要一张嘴，银子上千两地送，以后有事，这些人便有依靠了。
>
> 出门呢，坐着大轿，前面有人拿着扇啦，掌着盖啦，诸如此类，连秀才出门，也有门斗张着油伞引路。
>
> 有婚丧事的时候，绅士和老百姓是不能坐在一起的，要另搞一个房子叫大宾堂，有功名的人单坐在一起。

清人吴敬梓所作《儒林外史》，穷秀才范进中举一段绝妙文字，正是顾公燮这一段记载的绝妙注脚。

到中了进士，就更加威风了。上任做官，车啦，马啦，跟班啦，衣服用具啦，饮食用费啦，都自然会有人支应。上了任，债主也跟着来，按期还债。[1]

即使中不了进士，光是秀才、举人，也就享有许多特权了。第一是免役，只要进了学，成为秀才，法律规定可免户内二丁差役。明朝里役负担是很重的，要是有二十亩田地的中农，假如家里不出一个秀才，一轮到里役，便得破家荡产。[2]以此，一个县里秀才举人愈多，百姓便越穷，因为他们得把绅士的负担分担下来。[3]第二是可以有奴婢使唤；明制，平民百姓是不许存养奴婢的，《大明律》规定："庶民之家，存养奴婢者，杖一百，即放从良。"第三是法律的优待，明初规定一般进士、举人、贡生犯了死罪，可以特赦三次，以后虽然没有执行，但是，还是受到优待，秀才犯了法，地方官在通知学校把他开除之前，是不能用刑的。如犯的不是重罪，便只通知学校当局，加以处分了事。第四是免粮，家道寒苦，无力完粮的，可由地方官奏销豁免。因之，不但秀才自己免了役，免了赋，甚至包揽隐庇，借此发财。廪生照规定由国家每年给膏火银一百二十两，不安分的便揽地主钱粮在自己名下，请求豁免，"坐一百，走三百"，不动腿呢，每年一百二十两，多跑跑县衙门呢，一年三百两，是当时的民间口语。第五便是礼貌待遇了。顾公

---

[1] 陶奭龄：《小柴桑喃喃录》卷上；周顺昌：《烬余集》卷二，《与吴公如书》二。

[2] 《温宝忠先生遗稿》卷五，《士民说》。

[3] 顾炎武：《亭林文集·生员论》。

燮所记的大宾堂是有法律根据的，洪武十二年（1379年）八月明太祖颁布法令，规定绅士只能和宗族讲尊卑的礼法，至于宴会，要另设席位，不许坐于无官者之下。和异姓无官者相见，不必答礼。庶民见绅士要用见官礼谒见。违反的按法律制裁。

有了这样多特权，吃点苦头又算什么呢？

明、清两代的知识分子，在通过考试之前，封建统治者把他们不当人看待，加以种种虐待。但是，在成为秀才、举人、进士之后，便成为统治集团的一员了，和庶民不同了，他们分享了统治阶级的特权，成为特权阶级了。最近有人讲明朝后期情况，把秀才也算在市民里面，把他们下降为庶民，在我看来，是不符合客观存在的历史事实的。

晚明仕宦阶级的生活

/ 吴　晗 /

一

晚明仕宦阶级的生活，除了少数的例外（如刘宗周之清修刻苦，黄道周之笃学正身），可以用"骄奢淫逸"四字尽之。田艺蘅《留青日札》记："严嵩孙严绍庚、严鹄等尝对人言，一年尽费二万金，尚苦多藏无可用处。于是竞相穷奢极欲。"《明史·严嵩传》记鄢懋卿之豪奢说："鄢懋卿恃严嵩之势，总理两浙、两淮、长芦、河东盐政，其按部尝与妻偕行，制五彩舆，令十二女子舁之。"万历初名相张居正奉旨归葬时："真定守钱普创为坐舆，前轩后室，旁有两庑，各立一童子给使令，凡用舁夫三十二人。所过牙盘上食，味逾百品，犹以为无下箸处。"[1]这种阔阔的风气，愈来愈厉害，直到李自成、张献忠等起来，这风气和它的提倡者同归于尽。

其实，说晚明才有这样的放纵生活，也不尽然，周玺《垂光集·论治化疏》说："中外臣僚士庶之家，靡丽奢华，彼此相尚，而借贷费用，习以为常。居室则一概雕画，首饰则滥用金宝，娼优下贱以绫缎为袴，市井光棍以锦绣缘袜，工匠技艺之人任意制造，殊不畏惮。虽朝廷禁止之诏屡下，而奢靡僭用之习自如。"[2]周玺是弘正时人（1461—1507），可见在十六世纪初期的仕宦生活已经到这地步。风俗之侈靡，自上而下，风行草偃，渐渐地浸透了整个社会。堵允锡曾畅论其弊，他说："冠裳之辈，怡堂成习，厝火忘危，膏粱文绣厌于口体，宫室妻妾昏于志虑，一筵之费数金，一日之供中产，声伎优乐，日缘而盛。夫缙绅者士民之表，表之不戒，尤以成风。于是有纨绔子弟，益侈豪华之志以先其父兄，温饱少年亦竞习裘马之容以破其家业，挟弹垆头，呼庐伎室，意气已骄，心神俱溃，贤者丧志，不肖倾家，此士人之蠹也。于是又有游手之辈，习谐媚以蛊良家子弟，市井之徒，咨凶谲以行无赖之事，白日思群，昏夜伏莽，不耕不织，生涯问诸馈来，非士非商，自业寄于亡命，狐面狼心，冶服盗质，此庶人之蠹也。如是而风俗不致

---

[1] 赵翼《廿二史札记》卷三四，《明仕宦僭越之甚》。

[2] 《垂光集》卷一。

颓坏，士民不致饥寒，盗贼不致风起者未之有也。"[1]

二

大人先生有了身份、有了钱以后，饱食终日，无所用心，自然而然会刻意去谋生活的舒适，于是营居室、乐园亭、侈饮食、备仆从，再进而养优伶、召伎女、事博弈、蓄姬妾，雅致一点的更提倡玩古董、讲版刻、组文会、究音律，这一集团人的兴趣，使文学、美术、工艺、金石学、戏曲、版本学等部门有了飞跃的进展。

八股家幸而碰上了机会，得了科第时，第一步是先娶一个姨太太（以今较昔，他们的黄脸婆还有不致被休的运气），王崇简《冬夜笔记》："明末习尚，士人登第后，多易号娶妾。故京师谚曰：'改个号，娶个小。'"第二步是广营居室，做大官的邸舍之多，往往骇人听闻，田艺蘅记严嵩籍没时之家产，光是宅第房屋一项，在江西原籍共有六千七百四间，在北京共一千七百余间。[2]陆炳当事时，营别宅至十余所，庄园遍四方。[3]郑芝龙田园遍闽粤，在唐王偏安一隅的小朝廷下，秉政数月，增置仓庄至五百余所。[4]

士大夫园亭之盛，大概是嘉靖以后的事。陶奭龄说："少时越

---

[1] 《堵文忠公集·救时十二议疏》。

[2] 《留青日札》。

[3] 《明史》卷三〇七，《陆炳传》。

[4] 林时对：《荷牐丛谈》卷四。

中绝无园亭，近亦多有。"[1]奭龄是万历时代人，可见在嘉隆前，即素称繁庶的越中，士大夫尚未有经营园亭的风气。园亭的布置，除自己出资建置，大抵多出于门生故吏的报效。顾公燮《消夏闲记摘钞》卷上说："前明缙绅虽素负清名者，其华屋园亭佳城南亩，无不揽名胜，连阡陌。推原其故，皆系门生故吏代为经营，非尽出己资也。"王世贞《游金陵诸园记》记南京名园除王公贵戚所有者，有王贡士杞园、吴孝廉园、何参知露园、卜太学味斋园、许典客长卿园、李象先茂才园、汤太守熙召园、陆文学园、张保御园等。《娄东园林志》仅太仓一邑有田氏园、安氏园、王锡爵园、杨氏日涉园、吴氏园、季氏园、曹氏杜家桥园、王世贞弇州园、王士骐约园、琅琊离园、王敬美澹园等数十园。园亭既盛，张南垣至以叠石成名："三吴大家名园，皆出其手。其后东至于越，北至于燕，召之者无虚日。"[2]

对于饮食衣服尤刻意求精，互相侈尚。《小柴桑喃喃录》卷上记："近来人家酒席，专事华侈，非数日治具，水陆毕集，不敢轻易速客。汤饵肴，源源而来，非惟口不给尝，兼亦目不周视，一筵之费，少亦数金。"平居则"耽耽逐逐，日为口腹谋。"张岱《陶庵梦忆》自述："越中清馋，无过余者，喜啖方物。北京则苹婆果、黄鼠、马牙松；山东则羊肚菜、秋白梨、文官果、甜子；福

---

[1] 《小柴桑喃喃录》卷下。

[2] 黄宗羲：《撰杖集·张南垣传》。

建则福橘、福橘饼、牛皮糖、红腐乳；江西则青根、丰城脯；山西则天花菜；苏州则带骨鲍螺、山查丁、山查糕、松子糖、白圆、橄榄脯；嘉兴则马交鱼脯、陶庄黄雀；南京则套樱桃、桃门枣、地栗团、窝笋团、山查糖；杭州则西瓜、鸡豆子、花下藕、韭芽、玄笋、塘栖蜜橘；萧山则杨梅、莼菜、鸠鸟、青鲫、方柿；诸暨则香狸、樱桃、虎栗；嵊则蕨粉、细榧、龙游糖；临海则枕头瓜；台州则瓦楞蚶、江瑶柱；浦江则火肉；东阳则南枣；山阴则破塘笋、谢橘、独山菱、河蟹、三江屯蛏、白蛤、江鱼、鲥鱼、里河鲻。远则岁致之，近则月致之，日致之。"[1]衣服则由布袍而为绢，由浅色而改淡红。范濂《云间据目钞》记云间风俗，虽然只是指一个地方而言，也足以代表这种由俭朴而趋奢华的时代趋势。他说："布袍乃儒家常服，迩年鄙为寒酸，贫者必用绸绢色衣，谓之薄华丽。而恶少且从典肆中觅旧段旧服，翻改新制，与豪华公子列坐，亦一奇也。春元必用大红履，儒童年少者必穿浅红道袍，上海生员冬必穿绒道袍，暑必用绉巾绿伞，虽贫如思丹，亦不能免。稍富则绒衣巾，盖益加盛矣。余最贫，尚俭朴，年来亦强服色衣，乃知习俗移人，贤者不免。"明代制定士庶服饰，不许混淆，嘉靖以后，这种规定亦复不能维持，上下群趋时髦，巾履无别。范濂又记："余始为诸生时，见朋辈戴桥梁绒线巾，春元戴金线巾，缙绅戴忠靖巾。自后以为烦俗，易高士巾、素方巾，复变为唐巾、晋巾、汉巾、褊

---

[1] 张岱：《陶庵梦忆》卷四，《方物》。

巾。丙午（1606年）以来皆用不唐不晋之巾，两边玉屏花一双，而年少貌美者加犀玉奇簪贯发。"他又很愤慨地说："所可恨者，大家奴皆用三镶宦履，与士官漫无分别，而士官亦喜奴辈穿着，此俗之最恶者也。"

三

士大夫居官则狎优纵博，退休则广蓄声伎，宣德间都御史刘观每赴人邀请，辄以妓自随。户部郎中肖翔等不理职务，日唯挟妓酣饮恣乐。[1]明宣宗曾下饬禁止："宣德四年八月丙申，上谕行在礼部尚书胡濙曰：祖宗时文武官之家不得挟妓饮宴。近闻大小官私家饮酒，辄命妓歌唱，沉酣终日，怠废政事。甚者留宿，败礼坏俗。尔礼部揭榜禁约，再犯者必罪之。"[2]妓女被禁后，一变而为小唱，沈德符说："京师自宣德顾佐疏后，严禁官妓，缙绅无以为娱，于是小唱盛行，至今日几如西晋太康矣。"[3]实际上这项禁令也只及于京师居官者，易代之后，勾栏盛况依然。冰华梅史有《燕都妓品》："燕赵佳人，颜美如玉，盖自古艳之。矧帝都建鼎，于今为盛，而南人风致，又复袭染熏陶，其色艳宜惊天下无疑。万历丁酉庚子间其妖冶已极。"所定花榜借用科名条例有状元、榜眼、探花之目。称妓则曰老几，茅元仪《暇老斋杂记》卷四："近来

[1] 《明宣宗实录》卷五六。
[2] 《明宣宗实录》卷五七。
[3] 《万历野获编》卷二四。

士人称妓每曰老，如老一老二之类。"同时曹大章有《秦淮女士表》，萍乡花史有《广陵女士殿最》。余怀《板桥杂记》记南京教坊之盛："南曲衣裳妆束，四方取以为式。"崇祯中四方兵起，南京不受丝毫影响，依然征歌召妓："宗室王孙，翩翩裘马，以及乌衣子弟湖海宾游，靡不挟弹吹箫，经过赵李，每开筵宴，则传呼乐籍，罗绮芬芳，行酒纠觞，留髡送客，酒阑棋罢，堕珥遗簪，真欲界之仙都，升平之乐国也！"[1]

私家则多蓄声伎，穷极奢侈。万历时理学名臣张元忭后人的家伎在当时最负盛名。《陶庵梦忆》卷四"张氏声伎"条记："我家声伎，前世无之。自大父于万历年间与范长白、邹愚公、黄贞父、包涵所诸先生讲究此道，遂破天荒为之。有可餐班，次则武陵班……再次则梯仙班……再次则吴郡班……再次则苏小小班……再次则平子茂苑班……主人解事日精一日，而傒僮伎艺则愈出愈奇。"阮大铖是当时最负盛名的戏曲作家，他的家伎的表演最为张宗子所称道。同书卷八记："阮元海家优讲关目，讲情理，讲筋节，与他班孟浪不同。然其所打院本又皆主人自制，笔笔勾勒，苦心尽出，与他班卤莽者又不同。故所搬演本本出色，脚脚出色，出出出色，句句出色，字字出色。"士大夫不但蓄优自娱，谱制剧曲，并能自己度曲，压倒伶工。沈德符记："近年士大夫享太平之乐，以其聪明寄之剩技……吴中缙绅，则留意音律，如太仓张

---

[1] 余怀：《板桥杂记》。

工部新、吴江沈吏部璟、无锡吴进士澄时俱工度曲,每广座命技,即老优名倡俱皇遽失措,真不减江东公瑾。"[1]风气所趋,使梨园大盛,所演若《红梅》《桃花》《玉簪》《绿袍》等记不啻百种:"括其大意,则皆一女游园,一生窥见而悦之,遂约为夫妇。其后及第而归,即成好合。皆徒撰诡名,毫无古事可考,且意俱相同,毫无足喜。"乡村每演剧以祷神:"谓不以戏为祷,则居民难免疾病,商贾必值风涛。"[2]豪家则延致名优,陈懋仁《泉南杂志》:"优伶媚趣者不吝高价,豪奢家攘而有之,蝉鬓傅粉,日以为常。"使一向被贱视的伶工,一旦气焰千丈。徐树丕《识小录》记吴中在崇祯十四年(1641年)奇荒后的情形:"辛巳奇荒之后……优人鲜衣美食,横行里中。人家做戏一台,一本费至十余金,而诸优犹恨恨嫌少。甚至有乘马者、乘舆者、在戏房索人参汤者,种种恶状。然必有乡绅主之,人家惴惴奉之,得一日无事便为厚矣。"优人服节有至千金以上者。[3]男优之外,又有女戏:"十余年来苏城女戏盛行,必有乡绅主之。盖以倡兼优而缙绅为之主。"[4]亦有缙绅自教家姬演戏者,张岱记朱云崃女戏:"西施歌舞,对舞者五人,长袖缓带,绕身若环,曾挠摩地,扶旋猗那,弱如秋药;女官内侍,执扇葆璇盖、金莲宝炬、纨扇宫灯二十余人,

---

[1] 《万历野获编》卷二四。

[2] 汤来贺:《梨园说》。

[3] 黄宗羲:《南雷集·子刘子行状》。

[4] 《识小录》卷二。

光焰荧煌，锦绣纷叠，见者错愕。"[1]刘晖吉女戏则以布景著："刘晖吉奇情幻想，欲补从来梨园之缺陷；如唐明皇游月宫，叶法善作，场上一时黑魆地暗，手起剑落，霹雳一声，黑幔忽收，露出一月，其圆如规，四下以羊角染五色云气，中坐常仪，桂树吴刚，白兔捣药。轻纱幔之内，燃赛月明数株，光焰青黎，色如初曙，撒布成梁，遂蹑月窟，境界神奇，忘其为戏也。"[2]

四

士大夫的另一种娱乐是赌博。顾炎武《日知录》记："万历之末，太平无事，士大夫无所用心，间有相从赌博者。至天启中，始行马吊之戏，而今之朝士若江南、山东，几于无人不为此。有如韦昭论所云'穷日尽明，继以脂烛，人事旷而不修，宾旅阙而不接。'"甚至有"进士有以不工赌博为耻"的情形。吴伟业又记当时有叶子戏："万历末年，民间好叶子戏，图赵宋时山东群盗姓名而斗之，至崇祯时大盛……有曰闯，曰献，曰大顺，初不知所自起，后皆验。"[3]缙绅士大夫以纵博为风流，《列朝诗集小传》记："福清何士璧跅弛放迹，使酒纵博。""皇甫冲博综群籍，通挟凡击毬音乐博弈之戏，吴中轻侠少年咸推服之。""万历间韩上桂为诗多倚待急就，方与人纵谈大噱，呼号饮博，探题立就，斐然

---

[1] 《陶庵梦忆》卷二。

[2] 《陶庵梦忆》卷五。

[3] 《绥寇纪略》卷一二。

可观。"此风渐及民间,结果是如沈德符所说:"今天下赌博盛行,其始失货财,甚则鬻田宅,又甚则为穿窬,浸成大伙劫贼,盖因本朝法轻,愚民易犯。"[1]

自命清雅一点的则专务搜古董,巧取豪夺:"嘉靖末年,海内宴安,士大夫富厚者以治园亭、教歌舞之际,间及古玩。如吴中吴文恪之孙,溧阳史尚宝之子,皆世藏珍秘,不假外索。延陵则嵇太史应科,云间则朱太史大韶,吾郡项太学,锡山安太学、华户部辈不吝重资收购,名播江南。南部则姚太守汝循、胡太史汝嘉亦称好事。若辇下则此风稍逊,惟分宜严相国父子、朱成公兄弟并以将相当途,富贵盈溢,旁及雅道,于是严以势劫,朱以货取,所蓄几及天府……张江陵当国亦有此嗜……董太史其昌最后起,名亦最重,人以法眼归之。"[2]年轻气盛少肯读书的则组织文社,自相标榜,以为名高。《消夏闲记摘钞》卷下:"文社始于天启甲子张天如等之应社……推大讫于四海。于时有广应社、复社,云间有几社,浙江有闻社,江北有南社,江西有则社,又有历亭席社,昆阳云簪社,而吴门别有羽朋社,武林有读书社,山左有大社,佥会于吴,统于复社。"以讥弹骂詈为事,黄宗羲讥为学骂,他说:"昔之学者学道者也,今之学者学骂者也。矜气节者则骂为标榜,志经世者则骂为功利,读书作文者则骂为玩物丧志,留心政事者则骂为

---

[1] 《万历野获编补遗》卷三。

[2] 《万历野获编》卷二六。

俗吏，接庸僧数辈则骂考亭为不足学矣，读艾千子定待之尾，则骂象山阳明为禅学矣。濂溪之主静则盘桓于腔子中者也，洛下之持敬则曰是有方所之学也。逊志骂其学误主，东林骂其党亡国，相讼不决，以后息者为胜。"[1]老成人物则伪标讲学，内行不修。艾南英《天佣子集》曾提及江右士夫情形："敝乡理学之盛，无过吉安，嘉隆以前，大概质行质言，以身践之。近岁自爱者多而亦不无仰愧前哲者。田土之讼，子女之争，告讦把持之风日有见闻，不肖视其人皆正襟危坐以持论相高者也。"[2]

仕宦阶级有特殊地位，也自有他们的特殊风气。《小柴桑喃喃录》卷下说："士大夫膏肓之病，只是一俗，世有稍自脱者即共命为迂为疏为腐，于是一入仕途，则相师相仿，以求入乎俗而后已。如相率而饮狂泉，亦可悲矣。"在这情形的社会，谢肇淛说得最妙："燕云只有四种人多，奄竖多于缙绅，妇女多于男子，倡伎多于良家，乞丐多于商贾。"[3]

---

[1] 《南雷文案》卷一七。
[2] 艾南英：《天佣子集》卷六，《复陈怡云公祖书》。
[3] 《五杂俎》卷三。

明清两代的官制

/ 吕思勉 /

明清两代的官制,也是沿袭前朝的。其中最特别的是:(一)内官的无相职,(二)外官的区域扩大,级别增多。

明太祖初年,本来仍袭元制,设立中书省,以为相职的。十三年,因宰相胡惟庸谋反废去中书省。二十八年,并谕朝臣:"……以后嗣君……毋得议置丞相。臣下有奏请设立者,论以极刑。"这时候,天下大政,都分隶六部,而天子以一人总其成(倒像共和时代,废掉内阁制而行总统制似的)。但是这种办法,须天子英明,方办得到。后嗣的君主,都是庸懦无能的,或者怠荒不管事,其势就不可行了。于是殿阁学士,就起而握宰相的实权。殿阁学士(中极、建极、文华、武英四殿。文渊阁及东阁"以其授餐大内,常在天子殿阁之下……故亦曰内阁")本是文学侍从之臣,管"票拟""批答"等事,不过是前代翰林学士之流(诏诰的起草,在唐朝本是中书舍人的职事。后来翰林学士越俎代庖，本是件越职侵权的事情。明初既废掉宰相，殿阁学士起而承此职之乏，却是势极自然的）。但是其责职，终究不过在文字上而已。所以太祖时，尚不过预备顾问。成祖时，解缙等居此职，才参与起机务来。仁宗时，杨荣、杨士奇，都以东宫师傅旧臣，领部事而又兼学士之职，其地位才渐次隆重。以后累朝，什么事情都和内阁学士商量，其权限愈扩而愈大。到世宗时，夏言、严嵩，就都赫然变作真宰相了。但是实权虽大，在名义上终不过是个文学侍从之臣，好比天子的书记官一样，并没有独立的职权。明朝一代，弄得有权臣而无大臣（神宗时代，张居正颇以宰相自居，时人已大不谓然了）。君主的无所畏惮，宦官的能够专权，未始不由于此。所以黄梨洲发愤说："有明一代，政治之坏，自高皇帝废宰相始。"（《明夷待访录》）清初以文华殿、武英殿、文渊阁、体仁阁大学士各一人，协理大学士二人，为相职。康熙中，撰拟谕旨，都由南书房翰林。所以这时候，高士奇等一班人，颇有权势。雍正用兵西北，说是怕军机漏泄，乃特设军机处于隆宗门内。选阁臣和部院卿贰兼摄其政，谓之军机大臣。另简部曹和内阁中书等，管理拟稿编纂等事，谓之军机章京。从此以后，枢务都归军机处了。

六部在明朝，都以尚书为长官，侍郎贰之。其下有郎中员外郎，分设许多清吏司，以办一部的事务。这是庶政的总汇。清朝尚书，满汉各一；侍郎，满汉各二。又于其上设管理部务的大臣（吏、户、兵三部和理藩院都有。因最初设部的时候，原系以贝勒管理，后来虽设尚侍，吏、户、兵三部，都沿袭未废。管部大臣，清初兼用亲王郡王。后来以权太重，但用大学士），以致尚侍的权柄，亦不完全。理藩院虽名为院，亦设尚侍，官制和六部相同。但所用都系满蒙人。五口通商以前，西洋各国的交涉，也都是由理藩院办理的。咸丰十年，才特设总理各国事务衙门，派王公大臣管理。光绪二十七年，改为外务部。有管部大臣一，会办大臣一，尚书一，侍郎一，又有左右丞及左右参议。派公使驻扎各国，起于光绪元年。其初系以京卿出使，仍留原职。后来才独立为一官，隶属外务部。分头、二、三等。平时所派，大概是二、三等；遇有特别事务，才派头等。又有总副领事和领事驻扎各国，以保护儒民。光绪三十二年，改设外务、吏、民政（以新设的巡警部改）、度支（以户部改，财政处、税务处并入）、礼（太常寺、光禄寺、鸿胪寺并入）、学（以新设的学务处改，国子监并入）、陆军（以兵部改，练兵处、太仆寺并入）、农工商（以工部改，商部并入）、邮传、理藩（以理藩院改）、法（以刑部改）十一部。除外务部外，都设一尚书、两侍郎，不分满汉。宣统元年，又增设海军部谘议府。尚书都改为大臣。而将吏礼部并入内阁。裁军机处、政务处，另设总协理大臣，以图设立责任内阁。

明清两朝，都察院的权最重。明制有左右都御史、左右副都御史、左右佥都御史及十三道监察御史（清十五道）。在外则巡按、清军、提督学校、巡监、巡漕等事，都以委之。而巡按御史，代天子巡守，权最重。总督巡抚，本系临时派遣的官，后来因与巡按御史不相统属，所以巡抚常派都御史。总督亦兼都御史。清朝则左都副御史，都满汉并置。右都副御史，但为在外督抚的兼衔。（六科给事中，掌谏诤及稽查，在明代亦为有实力的官。清朝雍正时，使给事中隶属都察院，遂失其独立的资格。）

大理寺与刑部、都察院并称三法司，明清两代都同。翰林院本系文学侍从之官，明朝从天顺以后，非进士不入翰林，非翰林不入内阁，所以翰林院的位置骤觉崇高。詹事府本东宫官，清朝不设太子，此官但为翰林院升转之阶。宗人府管理皇族，在明代关系本不甚重要。但在清代，宗室爱新觉罗系一特别阶级，专归宗人府管理。凡宗室爱新觉罗议叙，专归宗人府，议处亦由宗人府会同刑部办理，所以宗人府亦颇有关系。历代中央各官，大半为奉君主一人而设。清朝则此等官署，虽亦俱有，而实际上供奉天子的事情，大部分在内务府。又太监亦是为内务府管理的，所以又兼历朝内侍省之职。

外官则明初改路为府。府之下为县。州则属州同于县，直隶州同于府。其上设布政使、按察使二司，布政使司掌民政，按察使司掌刑事。也是行的两级制，而上有监司之官。但是元朝的行省，区域本嫌太大（这本不是认真的地方区划）。明初虽废去行省，而布政使司所管的区域却沿其旧，以致庞大而无当。又布政使司的参政参议，按察使司的副使佥事，都分司各道，遂俨然于府县之上，添设一级。（道的名目很繁。在明时，最普通的是"分巡""分守"和兵备。《明史》说："明初制，恐守令贪鄙不法，故于直隶府州县设巡按御史，各布政使司所属设试金事。已罢试金事改按察分司四十一道，此分巡之始也。分守起于永乐间，每令方面官巡视民瘼，后遂定右参政、右参议分守各属府州县。兵道之设，仿自洪熙间。以武臣疏于文墨，遣参政副使沈固、刘绍等往各总兵处整理文书，商榷机密，未尝身领军务也。至弘治中，本兵马文升，虑武职不修，议增副佥一员敕之，自是兵备之员盈天下。"）而明朝所遣总督巡抚，本是随时而设的，在清代又成为常设之官，其权力远出于两司之上，就不啻更加一级而成五级了。

清朝对于东三省，治法颇为特别。奉天系陪都，设府尹，又有五部（除吏部）。府尹但管汉人，旗人的民刑诉讼都归五部中的户、刑二部，而军事上则属将军（其初盛京将军，尝为兼管府事大臣。后改于五部中拣一人为之）。光绪二年，乃以将军行总督事、府尹行巡抚事。吉、黑但有将军副都统。末年乃设东三省总督，改为行省制。

对于蒙古、新疆、西藏，亦用驻防制度。新疆于中俄伊犁交涉后，亦改为行省，而蒙藏则始终未能改省。对于外蒙古[1]的驻防，有定边左副将军和参赞大臣，驻扎乌里雅苏台。科布多参赞大臣，帮办大臣，驻扎科布多。对于青海、蒙古，则有西宁办事大臣，驻扎西宁，而对于内蒙古和西套蒙古，无驻防。凡蒙旗都置札萨克，

---

[1] 地区名。指蒙古高原北部，以别于高原南部的内蒙古。原为中国领土的一部分，1921年宣布独立。——编者注

唯内属察哈尔土默特无札萨克，直接归将军副都统管辖。对新疆，有伊犁将军，统辖参赞、领队、办事、协办诸大臣，分驻南北路各城。对于西藏，有驻藏办事大臣一人、帮办大臣一人，分驻前后藏。宣统三年，裁帮办大臣，设左右参赞。左参赞与驻藏大臣，同驻前藏；右参赞驻后藏。

学术思想的变迁

/ 吕思勉 /

明清两代,学术思想的变迁,关系极大。这种变迁,起于明末,而极盛于清朝乾嘉之时;道咸以后,又别开异境,就和最近输入的西洋思想相接触。要论这件事情,我先得引近人的几句话。他说:

综观二百余年之学史,其影响及于全思想界者,一言蔽之曰:以复古为解放:第一步复宋之古,对于王学而得解放。第二步复汉唐之古,对于程朱而得解放。第三步复西汉之古,对于许郑而得解放。第四步复先秦之古,对于一切传注而得解放。夫既已复先秦之古,则非至对于孔孟而得解放焉不止矣。(《改造杂志》三卷三号梁启超《前清一代中国思想界之蜕变》)

原来中国学术,可分为六个时期。

（一）先秦时期。此时期可称为创造时期。中国一切学术，都从上古时代逐渐发生，至春秋战国而极盛。

（二）两汉时期。此时期可称为经学时期。因此时期之人，对于学问，无所发明创造，只是对于前一期的学问，抱残守缺，而所抱所守的，又只得儒家一家。此时期中又可分为两时期：前汉的今文学，是真正抱残守缺，守古人的遗绪的；后汉的古文学，则不免自出心意，穿凿附会，但其尊信儒家则同。

（三）魏晋时期。东汉时期的学问，不免流于琐碎，又不免掺入妖妄不经之说，渐为人心所厌弃。由是思想一转，变而专研究古代的哲学（这种哲学，是中国古代社会公有的思想，由宗教而变成哲学，存于儒家道家书中，而魏晋以后的神仙家，亦窃取其说以自文的）。

（四）南北朝隋唐时期。这时期可称为佛学时期。中国古代的哲学，虽然高尚，究竟残缺不完。印度人的思想，则本来偏于宗教和哲学方面。这时代，佛教以整然的组织，成一种有条理系统的哲学而输入，自然受人欢迎。

（五）宋元明时期。这一派的学术，可谓对于佛学的反动力，因为佛学太偏于出世之故。但其学问，实在带有不少佛教的色彩。

（六）晚明有清时期。这时期可称为"汉学"时期，便是现在所要论的。

原来中国人的学问，有一个字的毛病，便是"空"。所谓空，不是抱褊狭的现实主义的人所排斥的空，乃是其所研究的对象，在于纸上，而不在于空间（譬如汉朝人的讲经学，就不是以宇宙间的事物为对象，而是以儒家的经为对象）。这是由于尊古太甚，以为"宇宙间的真理，古人业已阐发无余，我们只要懂得古人的话，就可懂得宇宙间的真理"。

这种毛病，是从第二期以后，学术界上通有的毛病。但是学术是要拿来应付事物的。这种学术，拿来应付事物，总不免要觉其穷。于是后一期的学术，起而革前一期的学术的命。第五期的学术，是嫌第四期的学术太落空了，不能解决一切实际的问题而起的。然而其实第五期的学术，带有第四期的学术的色彩很多，而且仍旧犯了"以古人之书为研究的对象"的毛病，既不能真正格明天下之物之理，又不能应付一切实际的问题。到后来，仍旧变为空谈无用。明朝时候，王学出，而其落空也更甚。这种学术的弊坏，达于极点，而不可不革命了。所以清代的汉学，乘之而起。汉学虽亦不免以古人的书为对象，但（一）其所"持为对象的古人的书"是很古的，很难明白的。要求明白它，不得不用种种实事求是的考据手段。因为用了这种手段，而宇宙间的真理，也有因此而发明的（考据古书，本是因为信古书而起。然其结果，往往因此而发现古书的不可信）。（二）其所持为对象的，是第一期人的书。（传注虽是汉人的书，实际上都是第一期人的遗说）"以古人之书为对象，而不以宇宙间的事物为对象"的毛病，是第二期人才有的。第一期人，还是以事物为对象。看他的书，好比看初次的摄影一样，究竟去事物还近。（三）而且"考求宇宙间事物"的精神，和实事求是的精神，原是一贯的。这是经过汉学时代之后，中国人易于迎接西洋人科学思想的原理。

这一期学术之中，又可分为三小期。

第一小期，最适当的代表人物是顾炎武。炎武的特色，在于（一）博学。他于学问，是无所不窥的。看他所著的《日知录》，便可以知道。（二）实事求是。无论讲什么学问，都不以主观的判断为满足，而必有客观的证据。看他所著的《日知录》《音学五书》便可知道。（三）讲求实用。与炎武同时几个明末的大儒，都是想做实事的，不是想谈学问的。所以他们讲学问，也带有实用的色彩。看顾炎武所著的《天下郡国利病书》便可以知道。与炎武同时的黄宗羲、王夫之、颜元、刘献廷等，都带有这种色彩。夫之僻处穷山，其学不传。黄宗羲之学，是偏于史的。其后浙西一隅，史学独盛（其后最著名的，如万斯大、万斯同、邵晋涵、全祖望、章学诚等）。献廷的书不传。又他所研究的学问［如想造根本楚音的新字母等（见全祖望《鲒埼亭集·刘继庄传》）］，和当时社会上流行的学问，相去的太远了。颜元是专讲实行的，凡是书本上的工夫，他一概不认为学，主张研究兵农，身习六艺。这一派学问，在当时的环境中也不甚适于发达（因为专制的时代，不容人民出来做事。中国社会是静的，也不欢迎出来做事的人）。所以到后来，专讲做实事的颜元一派消灭了，讲一种特别的学问的刘献廷一派也不传。因为当时的思想带有一种复古的趋势，于后世的事情，无暇分其精力去研究，而都并其力于考古之一途。于是史学等也不甚发达，而清朝人的学问，遂集中于经。继炎武而起的，是著《古文尚书疏证》以攻东晋晚出《古文尚书》之伪的阎若璩、著《易图明辨》以攻宋以后盛行的河图洛书的胡渭等。这一派人的学问，是"博采的古人的成说，求其可信者而从之"，不一定薄宋而爱汉，可称为"汉宋兼采派"。

第二期的人物，可分皖、吴两派。皖派起于戴震，其后最著名的为段玉裁、王怀祖、王引之。王氏之后，为最近的俞樾、孙诒让。吴派则惠周惕、惠士奇、惠栋，三世相继。其后著名的，如余萧客、江声、江藩、王鸣盛、钱大昕、汪中等。这一派的特色，在于专标汉儒，以与宋儒相对待。原来研究学问，有两种法子：其一是胪列了许多证据，以主观判断其真伪；其二是不以主观下判断，而先审查这证据的孰为可信。譬如东门失火，咱们人在西门；听得人述失火的原因和情形，各个不同。拣其最近情理的一种信他，是前一种法子（这是汉宋兼采派）。且不管他所说的话，谁近情，谁不近情，先去审查各个传说的人，谁是在东门眼见的，谁的说话是素来诚实的等条件，以为去取的标准，是后一种法子（这是纯正的汉学。若绝不问人，单是坐在屋子里，凭虚揣度，便变成宋学了）。把这两种法子比较起来，当然后一种更为严谨，所以循进化的公例，第一期的汉宋兼采派，当然要进化为第二期的纯粹汉学派。这一期可称为清代学术的中坚。前此亡佚的经说，都在这一期中辑出。汉人的传注，有不明白的，在这一期中，都做成了新疏（除《左氏》《小戴记》外，《十三经》清儒都有新疏）。清朝人的学问，经学而外，最发达的是小学，在这一期中，也焕然大明。

讲考据最切要的工夫，使古学复明最紧要的手段，是校勘和辑佚。到这一期而其法大备。又推治经之功，以旁及诸子，且及于史，真能使古学灿然复明。近人以清朝的汉学，比欧洲的文艺复兴，这一期当然是清代学术的中坚了。

第三期与第二期，同是汉学，然可对第二期的古文学而称为今文学。汉朝人的经学，有今文和古文两派。既然复古，要复得彻底。以"东门失火，在西门判断传说，先审查传说的人，谁是在东门眼见的，谁的说话是素来诚实的等条件"为例，当然今文的价值比古文大。所以第二期之后，又有这一期，也是当然的趋势。这一派的学问，发生于武进的庄（存与）、刘（逢禄），而传衍于仁和之龚（自珍）、邵阳之魏（源），播之于近代的王闿运、皮锡瑞、廖平。而康有为创孔子托古改制之说，直追寻到儒家学说的根源。且可见得社会是进化的，古代并不比后世好（好的话，是改制者所托）。实在对于几千年来迷信古人的思想而起一大革命。（康氏最尊信孔子。然所尊信的，是托古改制的孔子，不是"祖述尧舜，宪章文武"的孔子，便是既得解放后的尊信，不是未得解放前的尊信。这一点，不能与其余迷信者之流等量齐观。）

第六期的学术，如剥蕉抽茧，逐层进步；至于此，则已图穷而匕首见了。而西洋的思想，适于此时输入。两种潮流，奔腾澎湃，互相接触，就显出一种"江汉朝宗""万流齐汇"的奇观。

清朝的学术，在别一方面的，要论起来，也还多着呢。因不足以代表一时代的思潮，所以不再详论。

清朝的文化政策

/ 范 文 澜 /

文化政策的极端重视和大规模地多样运用，在康、雍、乾三朝是超越过去任何时代的。因为满族本身没有文化，对拥有高度文化的被征服民族，企图用八旗武力镇压民气，事实上证明成绩有限了，企图用程朱道学昏塞民心，事实上又证明收效甚微了，补救八旗武力的逐步朽腐，不得不逐步加强对汉族文化的摧残，代替程朱道学的虚伪寡用，不得不出力奖励考据学派（古文学派，或称西汉学派，或称朴学）的发达。弘历利用考据学做闭塞思想工具，承认考据学派统制文化界，乾嘉两朝，专家繁多，训诂名物而外，别无思想可言，文化政策，确收颇大的成功。虽然含有思想革命意义的今文学派，当古文学派极盛时代，开始自立旗帜，与古文学派对立，可是撼摇封建制度的作用，却在鸦片战争以后才表现出来。

一、康熙时代

满洲入关，竭力收买汉族士大夫，对一般读书人采取宽大态度。福临时常宣称"明臣不想念明朝，一定不是忠臣"。这不仅给降官们遮盖羞耻，而且在忠臣名义下，可以招诱许多新的降官。康熙初年，满洲统治已渐巩固，凶残面目，也就暴露出来。

归安（浙江吴兴县）富人庄廷鑨撰《明史》，中多指斥清人语。革职归安县知县吴之荣谋起复官职。康熙二年，之荣到刑部告发。其时廷鑨已死，清朝令剖棺戮尸，廷鑨弟廷钺及作序人、参校人、买书人、卖书人、刻字人、地方官（只有将军松魁一人免死）一律处斩，家属男子十六岁以上同死，妻女发极边做奴，先后凡杀七十余人。

这一次残杀，当是辅政大臣鳌拜等所为（玄烨仅九岁）。玄烨亲政以后，知道残杀的功效不如诱骗那样大，因此创立了不少文化上的怀柔政策。

玄烨为要提高自己的智力，学习历代地主的统治经验，求学非常勤勉。五岁读书，到老不休，上自天象、地理、历算、诗文、音乐、法律、战术，下至骑射、书法、医药、蒙古、西域、拉丁文书字母，无不精熟，他是统治者中从古少见的博学者，掌握了丰富的统治法术，足够取得群臣们的敬服。他的文化政策是：

优礼文士——康熙十七年，借修《明史》为名，举行博学弘儒科，取录五十名，各授翰林院官职。二十一年，召内阁、翰林等文官九十三名，入乾清宫饮酒赋诗，又令诸臣陪游钓鱼，诸臣认为稀有的荣幸。玄烨五十岁生辰,不许臣下献珍物,下谕道:"朕专好文学,诸臣能献诗文,朕当收受阅览。"他这样优礼文士,主要是做给全国文士看,诱令专心学习八股和诗文。

提倡理学——玄烨自称八岁就爱读《大学》《中庸》,一字不肯放过。竭力推崇朱熹,认其为儒学的正宗。令李光地等编纂《性理精义》《朱子大全》等书,颁布全国,企图用理学消灭反满思想。当时程朱派理学家李光地、汤斌、陆陇其等人都大受宠幸。这些人也确表现了正心诚意、竭忠事主等美德,可是正像别一程朱派理学家吕留良所说:"孔子为什么赞美遗弃原来的主人公子纠,投降仇敌齐桓公的管仲,甚至称为仁者(孔子自己不敢当仁者的名称)呢?这实在是一部《春秋》(《春秋》包含尊王、攘夷两大宗旨)的大道理。因为君臣名分固然重大,但还有比君臣名分更重大的,就是攘(驱逐)夷狄救中国这个大道理。"难道吕留良说得不对吗?那么,凡是降满做官言必孔子的理学家,无非是丧尽廉耻的汉奸罢了。

编书——玄烨召集大批文士,编修《明史》,允许撰稿人报答先朝旧恩,在一定限度内替明朝皇帝说些好话。此外各依学术类别,编纂许多大部书籍,如《康熙字典》(四十二卷)、《历象考成》(四十二卷,天文历算学)、《数理精蕴》(五十三卷,高等算学)、《渊鉴类函》(四百五十卷,类书)、《佩文韵府》(四百四十三卷,作诗典故)、《全唐诗》(九百卷)、《词谱》(四十卷)、《曲谱》(十四卷)、《律吕正义》(五卷,乐理），都是有用的著述。规模尤其巨大的书叫作《古今图书集成》，凡一万卷，明朱棣编《永乐大典》（二万二千九百余卷，书已大部散亡）以后，这是最大的一部类书。

禁毁淫书——康熙五十三年上谕："治天下必先正人心，厚风俗，要正人心，厚风俗，必崇尚经学，所有小说淫词，应严禁销毁。"朝臣遵谕拟定办法道："凡坊肆一切小说淫词，一律严查禁绝，着将板片书籍，一并尽令销毁。违者治罪，印刻者杖、流（充军），市卖者杖、徒（徒刑）。"印刻人处流刑，著书人自然治罪更重。大概正人心厚风俗以外，主要用意还在防禁汉族义士借小说鼓吹反满。

玄烨的怀柔政策，并不能掩蔽他的残酷性。康熙五十年，发觉翰林院编修戴名世《南山集》记载明末桂王由榔事。刑部奏上判决文：戴名世凌迟处死，方孝标（著《滇黔纪闻》，戴名世采入《南山集》）开棺锉尸，戴、方两族男女及作序印刻人，处死刑、流刑凡数百人。玄烨假意表示宽大，改判戴名世从宽处斩，免凌迟，方氏族人发黑龙江充军。

二、雍正时代

胤禛时旗人生活益趋腐化，绿营成为维护政权的实际力量，满汉华夷这类名词，更使满洲统治者心惊魄动，掩耳不愿闻，文字狱也就连年发生了。

汪景祺狱——雍正三年，景祺作西征随笔，中有讥刺玄烨诗，又作功臣不可为论，同情年羹尧（辽宁北镇县[1]人，立战功，遭胤禛忌，灭族）的功高冤死。胤禛认为大逆不道，判处死刑，亲属发黑龙江充军。

钱名世狱——四年，名世曾作诗称颂大将军年羹尧平西藏功德。发觉革职，发回原籍管束，并书"名教罪人"匾额，令地方官张挂名世居宅大门上。

查嗣庭狱——五年，江西正考官查嗣庭出"维民所止"试题，被人告发，说维止二字是取雍正斩首的意思。嗣庭死监中，胤禛令锉尸枭首示众。又因汪景祺、查嗣庭都是浙江人，停止浙江乡会试。

谢济世狱——五年，济世注《大学》，讥议程朱，坐斩刑，后免死罚充当苦差。

陆生楠狱——生楠著《通鉴论》十七篇，有反对君主专制的议论，胤禛认为罪大恶极，处斩刑。

徐骏狱——八年，翰林徐骏上奏章误写陛下为狴（狱）下，又诗中有"清风不识字，何故乱翻书"句，胤禛认为讥刺满人不识字，大怒，斩徐骏。某次胤禛微服游书市翻阅书籍，微风吹来，书页上下翻飘不止。一士人忽吟"清风不识字，何故乱翻书"诗句，胤禛怒，杀士人。

以上都是较小的文字狱，死的人虽然冤苦，牵连却还不大。

---

[1] 1989年6月，北镇县改为北镇满族自治县。1995年3月，撤销北镇满族自治县，设立北宁市。2006年2月，北宁市改称北镇市。——编者注

独雍正七年吕留良、曾静一狱，政治意义特别重大，杀戮也特别惨酷。

程朱派理学家浙江人吕留良，康熙时被荐应博学弘儒科，留良誓死拒绝，薙发为僧，著书阐述攘夷大义，不遗余力。康熙二十二年留良死，湖南人曾静读留良书（留良利用八股文评语做宣传），遣弟子张熙至浙访求全书，自此曾静与留良弟子严鸿逵、沈在宽深相结纳。当时川陕总督岳钟琪多立战功，号称名将，曾静写信使张熙往见岳钟琪，陈说华夷区别不可不严，岳飞（钟琪的祖先）被金人（清、金同属女真族）害死，子孙应报世仇，劝岳钟琪举兵反满。钟琪召集巡抚西琳、臬司硕色（满人）会审张熙，熙抵死不供。后来钟琪假称愿意起事，立誓表示诚意，张熙才说出主谋人曾静。胤禛得钟琪奏报，大惊，急捕曾静与留良家族、学徒，至京严讯。胤禛发现反满学说的广泛和深入，想出一种巧妙的处置法：对吕留良采严厉态度，剖吕留良、吕葆中（留良子）、严鸿逵棺，戮尸枭示，灭吕氏、严氏、沈氏（沈在宽）全族，斩尊信吕氏学说的黄补庵、车鼎丰等若干人，发宁古塔做奴的二十三家；对曾静、张熙采宽大态度，替曾静假造悔罪书，编辑曾静的口供"归仁说"（悔罪书）和胤禛迭次颁布的上谕（驳吕留良学说并竭力说明天下一统，满汉一家，不得妄分中外华夷的道理）成《大义觉迷录》一书，发给全国学校阅览。曾静、张熙免罪释放。

胤禛这种严惩首谋，劝诱悔过的方法，并不见实效。弘历登位，收回《大义觉迷录》，作为禁书，曾静及徒属仍处死刑。

三、乾隆时代

乾隆是清朝武功全盛时代，造成所谓十全武功的兵力，主要依靠汉族的绿营，如果反满思想渗入绿营将士，满洲统治就有倾覆的危险。因此弘历对文化政策的重视，远超玄烨、胤禛两代。

文字狱——弘历吹求文字过失，愈益苛细，如胡中藻督学广西，试题有"乾三爻不象龙说"，弘历指为讥乾隆不像皇帝，中藻凌迟处死。满人鄂昌（鄂尔泰子）作诗，称蒙古为胡儿，弘历指为沾染汉人习气，勒令自杀。彭家屏家藏明末野史数种，段昌绪圈点吴三桂叛清檄文，并处死刑。齐赤若私刻吕留良遗书，事发寸磔死。徐述夔作诗有"大明天子重相见，且把壶儿搁半边"句，弘历指为壶儿即胡儿，剖述夔父子棺戮尸。沈德潜作诗有"夺朱非正色，异种也称王"句，剖棺锉尸。全祖望作文有"为我讨贼清乾坤"句，贼字放在清字上，下狱治罪，幸得大学士某解释免死。诸如此类，多不胜举，说明满洲统治者对汉人民族思想的恐怖。

纂修书籍——弘历召集文士经生，大规模纂修各种书籍，如《通鉴辑览》（一百十六卷）、《续通志》（六百四十卷）、《续文献通考》（二百五十卷）、《续通典》（一百四十四卷）、《皇朝通志》（一百二十六卷）、《皇朝文献通考》（三百卷）、《皇朝通典》（一百卷）、《大清会典》（一百卷）、《大清律例》（四十八卷）、《大清一统志》（五百卷）、《医宗金鉴》（九十卷）以及弘历自撰诗文集杂著，约在百种以上，连同玄烨、胤禛所纂诸书，颁示全国，借收思想统一的功效。可是这些官书，多数无人过问，胤禛令各省布政使司刊刻木板，准士子呈请刷印，请印的却寥寥极少。弘历改令招募商人，任令印卖，以广流传，除《康熙字典》《通鉴辑览》《医宗金鉴》一类常用书外，许多书仍是少人过问。

禁毁书籍——弘历严令地方官吏借购求遗书名义，广搜有关忌讳的野史诗文集，悉数销毁（刊板）查禁。自乾隆三十九年至四十七年，据兵部奏报，共毁书二十四次，五百三十八种，一万三千八百六十二部。弘历还不放心，五十七年，仍严谕遵行，尤着重搜查江西、江苏、浙江等省民间藏书，认为督抚视作等闲事，所以不能禁绝。诸臣怕得罪，连无关紧要的书也随意焚毁。

修《四库全书》——乾隆时代考据学派已达全盛的境界，朝廷从来崇尚的理学，渐次失去收服人心的效用。所谓考据学派自然有它学术上的贡献，但脱离现实社会极远，专力论证上古三代的训诂名物，在文字狱盛行时代，确是士大夫明哲保身、避嫌免祸的良法。弘历利用这种学术界新潮流，索性设立四库（经史子集）全书馆，收罗海内著名考据专家，如纪昀、陆锡熊、庄存与、任大椿、邵晋涵、周永年、戴震、朱筠、翁方纲、金榜、王念孙等人参与校纂，纪昀（总纂官）、戴震（编校经部）、邵晋涵（编校史部）出力尤多。总计存书（合格著作正式入库）三千四百五十七部，七万九千七十卷，存目（认为不合格的著作仅附见书名）六千七百六十六部，九万三千五百五十六卷。

《四库全书》编成后，储藏文渊阁（宫中文华殿后）、文源阁（圆明园）、文津阁（热河行宫）、文溯阁（辽宁沈阳）四处，又在扬州文汇阁、镇江文宗阁、杭州文澜阁各藏一部，供士人阅览誊录。江浙是文化发达的地方，也是反满思想浓厚的地方，弘历特立江浙三阁，并谕地方官吏订立阅览章程，奖励领出抄录，广为流传，弘历本意在提倡考据学（供给大量考据材料），无意中却创立了公共图书馆制度。

弘历自述修四库宗旨道："为天地立心，为生民立命，为往圣（大圣）继绝学，为万世开太平，胥（都）于是乎系（依靠）。"为了适合这个宗旨，第一，审查明末遗书，凡不利满洲统治的一律焚毁；第二，全书中有一部分违碍满洲的，删去数卷或数篇或改定字句；第三，古书中如南宋人斥金、明初人斥元，或删去或改定；第四，凡有碍"世道人心"的诗文，不得列入"四库"；第五，改古书中忌讳字，如夷字改彝字，狄字改敌字，虏字改卤字（弘历特谕令不必改字，免得夷狄虏等字义更明显）。

弘历编《四库全书》，指示任事诸臣，备极周详，迭次颁谕说明编纂方法，凡有关君臣名分、华夷大义处，一字一句也不放过。像他那样精力卓绝、思虑细密，确是文化史上罕有的苦心人，同时反而也显示汉族民族意识的强固，无法可以消灭。

考据学派盛行，给满族在民族斗争中一个喘息的机会。弘历知道这只是暂时的机会，防范仍不敢宽纵。《四库全书》总纂官纪昀曾从容说到江南财力困疲，应该想些救济的办法。弘历大怒叱骂道:"朕看你文学还好,叫你管四库书馆,不过养一个戏子罢了,你怎敢大胆妄谈国事?"

用各样方法,迫令读书人不谈国事,这是清朝文化政策的一贯精神。